生類供養と日本人

長野浩典
Nagano Hironori

弦書房

〈カバー・表〉
大蔵永常『除蝗録』の蝗逐(むしおい)の図
〈カバー・裏〉
鯨鯢供養の図
(『小川島鯨鯢合戦』佐賀県立博物館蔵)
〈表紙〉
大蔵永常『除蝗録』の蝗《むし》おくりの図
〈本扉〉
かに供養地蔵

目次

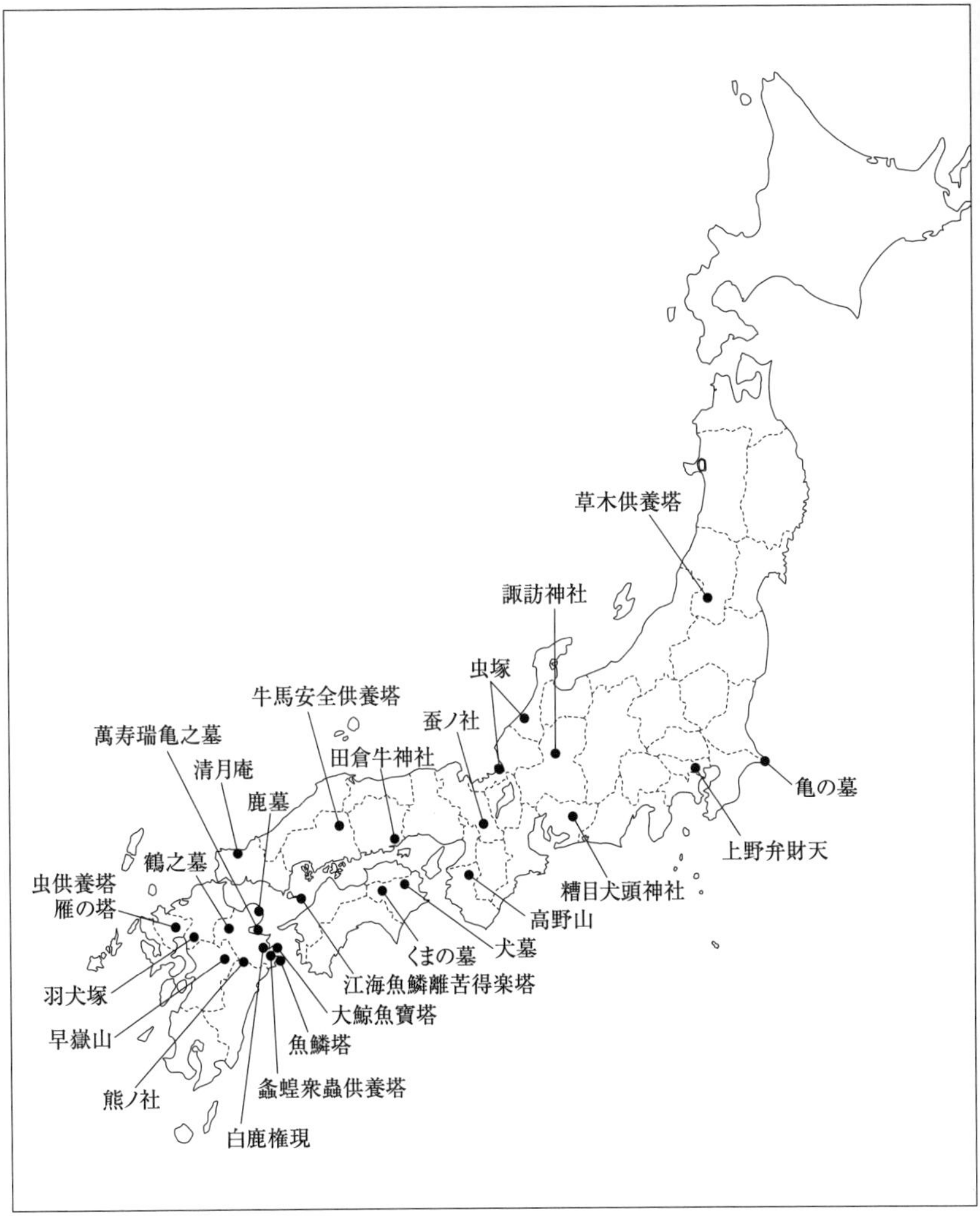

本書で紹介した生類供養塔などの分布図

はじめに

ヒトと動物のかかわりは、人間の歴史とともに古い。ヒトは動物を食べ、飼い慣らし、そして使役してきた。そして現代日本のそれは、「過熱した」ペットブームに象徴される。結婚を敬遠する人びとが増え、晩婚化がすすみ、教育費の高騰から、子をもうけない夫婦も増加した。結果、日本では少子高齢化が急速に進行している。こうした中で、ペットとしての動物は、家族として、時にはヒト以上の家族として迎え入れられているといっても過言ではない。それは新聞の折り込みチラシのペットの葬送、病院、美容、ホテルなどに関する広告をみるたびに感じる事柄である。

いっぽう食生活の変化で、欧米型の食事になり、食肉の消費量は拡大してきた。こうした傾向に、健康管理の面から警鐘は鳴らされているものの、肉食は「生活の豊かさ」の一指標といってよかろう。スーパーには処理された牛肉、豚肉、鶏肉が、プラスチックのトレーにのせられて売られている。生産国をみれば、アメリカ、オーストラリア、デンマーク、ブラジルなど、世界中から食肉が流入していることがわかる。それはまた、日本の伝統的な食を支えた魚介類についても同じことである。以前、サウジアラビア産の無頭エビが、自宅近くのスーパーで売られているのをみたときは、いささか複雑な気持ちになった。

しかし私たちは、動物の命をいただいているのだが、その感覚を覚える機会は、極端に少ない。筆者は子どものころ、父親が自宅で飼っている鶏を「つぶす」（殺す）のを手伝ったことがある。筆者は鶏の両足を束ねて持ち、鶏を逆さにして動かないようにしている。父親がはじめに、鶏ののど元を出刃包丁で切り、血液を垂らしながら鶏が死ぬのを待つ。この時筆者の手には、死んでゆく鶏の小刻みな動きが伝わる。また、何ともいえない鳴き声をあげる。その時の「感覚」は今でも忘れない。死んだ鶏は、今度はバケツに湯を注ぎ、熱湯の中に数分入れる。そうすると、全身の羽が簡単に「むしれる」のである。そうして丸裸になった鶏を、父親がさばく。家で飼ってきた鶏を殺して、つぶすのが残酷だからといって、筆者がそれを食べなかった訳ではない。むしろ、「地鶏」の旨さもまた、記憶として残っているのである。こうして、少し前まで、動物の命を自らの手でいただいて、ヒトは暮らしてきたのである。

こう書いてくると、筆者はどこの者だろうか？　といぶかしく思われる読者もおられよう。筆者は熊本県の阿蘇出身、昭和三十五年（一九六〇）うまれである。確かに田舎者ではある。しかし、筆者の世代なら、この手の経験は、決して珍しいことではなかった。いや、「日常のこと」といった方がよいかもしれない。何か祝い事があれば、鶏一羽がつぶされて宴に供されるのである。「動物を殺す」ことに関していえば、昔の田舎の子どもたちは小動物を殺すことがしばしばあった。代表的なものとしては、カエルやヘビや昆虫である。ヘビが道端にいると子どもたちは、理由もなく石を投げた。カエルをつかまえ、管を尻の穴に突っ込んでふくらます。クワガタムシやカブトムシは、闘わせて遊ぶ。カブトムシなどは、飼っているとそのうち死んでしまう。遊びの延長で、むかしの子どもたちは、小動物を「虐待」していた。今こんなことをしていたら、きっと「かわいそうな事をするな」とおとなたちに叱られるに違いない。

翻って考えると私たちは、スーパーにならぶ食肉がどのような経過で自分たちの口に最終的にはいるのか？　その事に思いをはせながら、食事をする人はほとんどいないだろう。現代人は、動物の死から遠いところにいる。いや、遠ざけられているといった方が良いかもしれない。われわれ自身も、決してそれに近づくことを良しとしない。そしてどん欲に肉を食べても、罪悪感は感じなくて済むように、食肉は「処理されて」売られている。動物の死に際の断末魔の叫びも、血が流れる光景も見ることはない。

イスラム教のハラールは、ご存知だろうか。アラビア語で、イスラム法で「許された事柄」をいう。イスラム法では、ブタは食してはいけない。これはハラームという。「禁じられた事柄」である。イスラム教では食べて良い動物であっても、食肉はその動物の殺し方や解体処理の方法に一定の決まりがあって、それに従わないものは食してはならないことになっている。逆にいえば、動物の身体を決まりに従って処理することで、食べることについての精神的な抵抗はなくなるのである。それはイスラム教以前に成立したユダヤ教やキリスト教においても、似かよった考えや慣習があるといってよい。人間の御都合主義といえば、そういえないことはない。ただこうしたことが行われる、宗教上の理由を考慮すれば、事はそう単純ではないのかもしれないけれども。

ヒトは一般に、動物の命を奪うことに対し、全く罪悪感を感じないということはないようだ。

個人によっては感じないヒトもいようが、ほとんどの人間は罪悪感を感じる。その延長にヒトを殺すことが、「最高の罪悪」だとの共通認識がある。しかし時には、罪悪感を感じないことが生じる。例えば戦争、例えば制度としての死刑執行である。しかしそれとても、全く罪悪感なしにはいられない。しかし「これは聖戦である」、「殺らなければ、自分が殺られるのが戦争だ」、「社会の安寧を維持するためには、死刑制度は必要だ」などと理由づけをする。その理由づけこそが、罪悪感をうすめる「装置」なのである。話が人間におよぶと、本書の筋からそれていきかねないので、これくらいにしておこう。

さて本書のタイトルは『生類供養と日本人』とした。「生類」が何なのか、本来は厳密な規定が必要かもしれない。だがここでは、生きもの＝動物と考えていただいてよい。具体的には、本書で扱っている生きものの全体である（ただし、本来の「生類」にはヒトも含まれる）。そしてわが国においては、「供養」こそが動物の命を奪う、いただく際の罪悪感を薄める「装置」、ないし「行為」または「儀礼」と考えていただきたい。

十年ほど前から筆者の居住する地域、具体的にいえば大分県域にも、生類の墓や供養塔などの石造物が、かなりたくさん存在することに気づいた。クジラ・シカ・クマ・ウシ・ウマなどのほ乳類、ウミガメ・サカナ・カイ・カニなどの水棲動物、ツルなどの鳥類、そしてイナゴ・カイコなどの虫たちのそれである。端的にいえば、供養される生類たちは、ヒトに極めて近くて馴染みがあるか、有用な動物だったといって良いだろう。時には、伝承や伝説から生み出された供養塔や墓もあるが、しかしそれとてもヒトの周囲によくいる生類である。

ヒトは、いや日本人はなぜ、生類を供養するのか。そのことを、身近な事柄から考えてみたのが本書である。そして、ヒトと動物のかかわりの過去から現代までの変転をみてみたいとも思った。単なる事象の羅列ではなく、そこに歴史的な時間軸や背景を入れる試みをしてみた。それが達せられているかどうかは、読者の評価にゆだねたい。ただ本書は、「研究書」というレベルのものではない。だから読者には、気楽に読んでいただきたいと思う。またそのように配慮して、書いたつもりでもある。そして、本書に紹介した生類の供養塔や墓を、「ちょっと訪ねてみようか」という気持ちになっていただいたり、「そういえばうちの近くにも、こんな生類の墓があるぞ」と気づいていただければ幸いである。

第一章

海の生類供養

ウミガメ——萬寿瑞亀之墓《まんじゅずいきのはか》

萬寿瑞亀之墓　本書のはじまりは、ウミガメの墓からはじめたい。それは、本書を書くきっかけとなったのが、このウミガメの墓だからである。このウミガメの墓は、筆者の勤務校のすぐそば、大分市浜町（正式な町名は大分市住吉）の恵美須《えびす》神社にある。約二十年前、たまたまこの神社を訪ねたとき、ウミガメの墓があることを知った。それからまた十年ほどして、今度は筆者が顧問を務める郷土史研究部の生徒たち（部員）と再びこの神社を訪ねてみた。すると生徒たちも、ウミガメの墓に大いに興味をもった様子だった。そこで、「ほかにも動物の墓があるのだろうか」ということになり、動物の墓を探しはじめたのである。その後、大分県下のクジラの墓やイナゴの供養塔などを生徒たちといっしょにさがし歩いた。それが本書へと繋がったのである。

さて、ウミガメの墓には正面に「萬寿瑞亀之墓」とある。高さは一・六メートル、昭和六年（一九三一）建立とある。比較的新しい。さらに建立の世話人三名の名前が刻まれている。立派な墓石で造られており、極めて頑丈である。墓石の形状は四段組みの立派なもので、人間の墓に比べても遜色ない（写真①）。ところが残念なことに、管見の限り「魚類供養」に関する最大のデータ（一一四一事例）を掲載した、田口理恵・関いずみ・加藤登「魚類への供養に関する研究」の一覧表からは漏れている。

このウミガメの墓を見るにつけ、神社に墓石が建っているのに少々違和感を感じずにはいられない。お寺には墓地があって墓石も多いのだが、ふつう神社に墓はない。それは神社が、死穢《しえ》を忌《い》みきらうからである。いくらウミガメだからといっても、やはり清浄を重視する神社にはそぐわない気がする。だからこの神社のウミガメの墓は、きっといわれがあるはずなのだが。

この神社がある大分市の浜町は、別府湾に面している古い漁師町である。北へ向かって数分も歩けば、別府湾に出る。海ぎわに立って眺めれば、北は別府から国東半島、東の方は佐賀関まで一望できる。現在、このあたりでは漁業に従事している人はほとんどいないと聞いたが、街路は狭くて複雑である。狭い路地のところどころに神仏を祀った小さな祠が点在する。そして漁網を売る老舗がある――、そんなところに漁師町の名残をみることができる。

①恵美須神社、ウミガメの墓

恵美須神社もまた、漁師町の神社らしく、このウミガメの墓以外にも魚形の手水鉢があったり、鯛の絵馬が拝殿に掛けられたりしている。一説によれば、この恵美須神社はもともと瓜生《うりゅう》島《じま》にあったという。瓜生島というのは、もともと別府湾に浮かぶ島で、別府湾直下で起きた慶長の大地震（地震が起きたのは慶長に改元される直前の文禄五年閏七月（一五九六）のとき沈んだという伝説の島である。いい伝えは豊臣秀吉の時代のことである。その瓜生島にあった恵美須神社を、この地に再建したのだという。神社の近くの勢家町《せいけまち》には瓜生山威徳寺という、これまた山号からお察しのように、瓜生島にあったとされる寺がある。

余談ではあるが、瓜生島の実在はまだ証明されていない。しかし、大分川河口に沖の浜という砂州があって、この砂州が大地震による液状化で沈んだのではないかといわれる。つまり沖の浜が、瓜生島だったのではないかというのである。

小さな竜宮様　瓜生島のことはさておき、ウミガメの墓の傍らには、やはり石造りの小さな社がある（写真②）。この社は「竜宮様」とよばれ、いうまでもなく竜神を祀っている社である。これには「明治二十三年遷宮」とある。「遷宮」とあるのだから、これ以前にも竜宮様はこの地かまたはこの近辺にあったと思われる。そして社が朽ちたからか、遷宮したものと推測される。この社を建立したのは、大分市漁業協同組合である。

竜宮様は、「竜神」「竜王」などともいわれ、漁村では豊漁や航海安全の神として信仰される。いっぽう農耕地帯においても、雨乞いや治水など水の神として、豊穣祈願の神としても祀られた。この漁業や農業における「竜神信仰」は、もともと東南アジアのものといわれる。もとは漁民たちが、竜巻や雷雨などの荒天をしずめるために、竜神に祈ったものだという。また田畑の雨乞いでは、竜のつくりものを拵えて雨を呼び寄せる習俗が、いまも各地に残っている。そしてウミガメは、その竜神の使いとされる。従って、「ウミガメの墓」と「竜宮様」はセットなのである。

②恵美須神社、竜宮様

浦島太郎の話で、竜宮の使いがウミガメであったことは、あまりにも有名である。この竜神とウミガメの関係については、後述する。

ところで恵美須神社そのものも、豊漁《ほうりょう》を祈願する神社である。ヱビスさんは、五穀豊穣を祈ったり、商家の繁栄を祈る神でもあるのだが、ビール瓶のラベルでお馴染みの、鯛を釣ったふくよかなヱビスさんは、紛れもなく豊漁の神である。こうしてこの恵美須神社には、見事に「ヱビスさん」と「竜神」と「ウミガメ」とが、豊漁を祈願してそろって鎮座してるのである。

このウミガメの墓と竜宮様の由来を尋ねようと、数年前、恵美須神社の神社総代にお会いしたことがある。神社の「由緒書」なども見せてもらったが、ウミガメの墓や竜宮様に関する記載はなかった。総代さんによれば、「ウミガメの墓には昭和六年（一九三一）とあるけれども、それ以前からウミガメの墓はあって、この年に造りかえたのだろう」ということであった。ウミガメが浜に打ち上げられたとか、網にかかったとかのいわれもわからない。そして、「ウミガメの墓を造りなおした昭和六年頃は、おそらく墓にまつわる話も伝わっていたんだろうが、今はもうわからない。年寄りが若者にきちんと話を伝えていかないといけないなあ」と、少し残念そうな話ぶりだった。

漁師とウミガメ　日本近海でみられるウミガメは、アカウミガメ、アオウミガメ、タイマイ、ヒメウミガメ、そしてオサガメの五種類である。墓そのもののいわれがよく分からないため、このウミガメの墓がどのウミガメを葬ったのか分からない。しかし漁師とウミガメは昔からかかわりが深い。

昔から漁師たちは、ウミガメが網のなかに入り込んでしまった場合には、ていねいに網の中から出してあげた。そしてウミガメに酒を飲ませて、ふたたび海に放したという。酒を飲ませるのは、清めの意味があったと考えられる。いっぽう、海岸でウミガメの死体をみつけた場合には、埋葬して竜神様として祀った。こうして全国各地にウミガメの墓または竜神様が分布する。さらにウミガメが海岸に産卵に来ると、産卵後にその場所に注連縄《しめなわ》を張り、酒で清め、無事に孵化《ふか》することを祈る習俗も各地に見られる。とにかくウミガメは、漁師たちに大漁を約束してくれる動物だった。

神仙思想とカメ　ところでカメは、ずいぶん古くから特別な動物として、信仰の対象になっていた。『日本書紀』や『丹後国風土記』（逸文）などにも、カメが登場する。そしてカメは、ほぼ共通の物語のなかで同じ役割を担って現れる。『丹後国風土記』の物語は、いわゆる浦島子伝説である。よく知られた話ではあるが、少し紹介してみよう。

雄略天皇の時代、丹後国の水江浦島子という人物が、海で五色のカメを釣った。その後、船に置いておいたカメは美しい女性に変身した。女性は、自分は仙都の者だといい、浦島子を蓬莱山（楽園）に誘う。浦島子はこの蓬萊山で三年間過ごす。ところが故郷が恋しくなった浦島子は、「故郷へ帰りたい」と女性に告げる。女性は、「決して開けてはならないと」いって、玉匣（たまくしげという箱）を浦島子へ渡す。地上にもどった浦島子は、人間の世界がこの間に三〇〇年も経過していたことを知り、愕然とする。そして、とうとう箱を開けてしまう。そうすると浦島子の若々しい肉体は、一瞬にして消えてしまった。

もうお気づきと思うが、これは『浦島太郎』のもとになった話である。浦島子伝説は長い年月を経て、浦島太郎と乙姫、竜宮城やウミガメ、玉手箱の話に変化していく。そして現在の『浦島太郎』が「完成」したのは、明治期の唱歌や国定教科書に採用されてからだという。

浦島子伝説は、古代中国の神仙思想が日本に伝わって成立したものである。神仙思想とは、人の命が永遠であることを神や仙人に託して希求した思想である。そして、不老不死の仙人が住む異境に楽園を見いだす。その楽園が浦島子伝説では蓬萊山であり、『浦島太郎』では竜宮城だというわけだ。そしてその楽園に、人を誘う役割をはたすのが、ほかならぬウミガメなのである。

異境にすむ動物　神仙思想の影響を受けて、異境に人間がたどり着くはなしはたくさんある。また東アジアだけでなく、東南アジアや太平洋地域にも同様のはなしが分布している。

『古事記』『日本書紀』のヤマサチヒコとトヨタマヒメの物語も、よく知られている。これもまた、失った釣針をさがしに異境（この場合、海神の宮）へ赴いたヤマサチヒコが、そこでトヨタマヒメと結ばれ地上にもどる。しかし、産屋を見てはならないというタブーを犯したため、トヨタマヒメの正体が竜（『日本書紀』）であることを知る。ちなみに『古事記』では竜ではなく、「八尋和邇《ワニ》」として現れる。古代においては、「和邇」は現在の鰐をいうのではなく、「古人が海の支配者と考えていた神怪な動物」である。竜もまた同様の動物と考えられ、竜はまた蛇にも通ずる。

このヤマサチヒコの釣針を求めて異境に行くという物語と類似するものは、ミクロネシアのセレベス島などに分布する（「クン・アイ伝説」）。また異境における異類の女性との結婚に注目すると、ミャンマーなどにも同様の伝説が伝えられているという。

中村禎里は、『動物たちの日本史』のなかでこれらの神話や伝説を比較している。筆者が注目したのは、異境に住む女性の正体が、ヤマサチヒコ神話では「わにまたは竜」、浦島子伝説では「五色の亀」、セレベス島のクン・アイ伝説では「竜」となっている点である。つまり海神が支配する異境にすむ動物、すなわち女性の正体は、「わに」「竜」「亀」のいずれかである。この三者は身体の形状の違いこそあれ、海底に住む「神怪な動物」であり、いわば「同類」と考えられる。いい換えれば、これらの三者は入れ替わりながら、各地の伝説は同じモチーフとして成立しているのである。また中村は、この異境に住む異境の主たる動物たち（わに・亀・竜）は、現実の住人と著しく異なる姿をしながらも、ヒト的な生きものとして霊力のある動物が選ばれたのだともいう。

こうして、恵美須神社にウミガメの墓と竜宮様が同居することは、漁師たちにとってあたりまえのことと考えられたのである。海の底という異境に住むウミガメは、海を支配する竜神と重なり、豊漁を約束する神として祀られたのである。

ウミガメの恩返し　タタリとともに、動物の恩返し伝説は、鶴・熊・犬・猫とあげればきりがない。中でも浦島太郎に出てくるウミガメの恩返しは、最も有名なものであろう。ここでは、ウミガメの恩返しにまつわる墓の話を、ひとつ紹介したい。

山口県山陽小野田市内にある竜王山の山頂付近には、一字だけ「亀」と刻んだ四角柱型の石塔＝ウミガメの墓がある。そんなに古いものには見えないが、このウミガメの墓のいわれは、次の通りである。

ある晩、木戸という所に住んでいた与一という漁師の夢に、大きなウミガメがあらわれた。ウミガメは、「酒を飲ませてください。そして私が死んだら、海の見える見晴らしの良いところに埋めてください」という。翌朝、与一は息も絶え絶えのウミガメが浜に打ち上げられているのを見つけた。与一は、夢に出てきたウミガメが望んだように、酒を飲ませてやった。そうするとウミガメは、満足そうにして往生した。与一は、このウミガメを海が一望できる竜王山の山頂近くに埋めた。そうするとその年、与一は漁に出るたびにたくさんの魚が獲れたという。人びとは、「これはきっとウミガメの恩返しだろう」と口々にうわさした。

この話では、夢にあらわれたウミガメに漁師が酒を飲ませて丁重に埋葬したところ、漁師には豊漁が約束されたというのである。

ウミガメと漁師の習俗　漁師とウミガメとの関係、なかでもウミガメに酒を飲ませて海に放す習俗は、全国各地に見られる。ただ、ウミガメが多く寄りつく太平洋側の方が、日本海側よりもウミガメに関する習俗は多いらしい。山陰地方のウミガメに関する民俗を綿密に調査研究した藤井弘章は、いくつもの事例を紹介しているが、鳥取県境港市の事例は次の様なものである（「隠岐・

山陰沿岸のウミガメの民俗」)。

明和五年（一七六八）、上道村と境村というふたつの村で相談のうえ、大敷網漁を計画した。境水道をはさんだ対岸の福浦（松江市）から異論が出たが、結局網を入れた。するとこの網には、最初にウミガメが入ったという。ところがこのウミガメは死んでしまったものと見られ、漁師たちは浜の松林の端に埋め祠を建てた。そしてこのウミガメは、「杉山筑後様」なる人物から「大敷網恵美須神社」として祀ってもらった。その後、大敷網漁を行う漁師たちは、この神社を丁重に祀るようになったという。藤井は「杉山筑後様」について何も言及していないが、おそらくこの地域の由緒ある神社の、そして名のある神主であろう。こうして、網にかかって死んだウミガメは、恵美須神となったのである。

ここでは、ウミガメそのものが恵美須神だと認識されていることがわかる。大分市の恵美須神社にウミガメの墓があるのも、ウミガメは恵美須神と考えられていたからである。また境港市周辺では、現在でもウミガメが網にかかると、酒を飲ませて放しているという。酒がないときは、ビールを飲ませることもあるという。ウミガメに酒を飲ませるのは清めの意味もあろうが、ウミガメが恵美須神そのものであると考えると、神に供える神酒、つまり御神酒と考えて良いのだろう。

ところで近年は、ウミガメが網に入っても漁師が酒を飲ませる習俗は、だんだん廃れていっているという。その理由はまず、ウミガメと大漁とを結びつける感覚が薄れつつあること。いいかえれば、「ウミガメが網にはいると大漁」は「迷信」である、と考えるようになってきたことである。漁師たちが、今でも縁起はかつぐことは多いけれども、ウミガメ＝豊漁には根拠がない、と思うようになった。現代の漁師たちには、ウミガメの出現より、魚群探知機の方にずっと信頼をおいているのである。

また、ウミガメに酒を与えると確かにそれを飲むらしいのだが、実はウミガメはアルコールを分解できない。そうすると、ウミガメに酒を飲ませるのは動物虐待にあたる。だから、ウミガメに酒を与えなくなっているともいう。いずれも科学的で合理的な理由である。

銚子のウミガメの墓　全国には、七九ヵ所のウミガメの墓（墓所）がある。もともとウミガメの墓が造られるようになったのは、江戸時代の末からだという。ウミガメの墓で、現在のところ最も古いのが、嘉永元年（一八四八）のもの（新潟県佐渡市相川五郎右門町）である。ほかのウミガメの墓は、明治以降に造られたものが多い。

ウミガメの墓が、もっとも高密度で存在するのが千葉県の銚子市である。銚子市内には、九ヶ所の墓がある。そしてこの九ヶ所に、合わせて五五基ものウミガメの墓があるという。このうち、江戸時代につくられたものは、文久二年（一八六二）のものが一基（川口神社の「大漁之神」）ある。それ以外は、すべて明治以降のものである。なぜウミガメの墓は、明治以降にその多くが造られたのか。

銚子地方には、ウミガメにまつわる変死事件についての伝承がいくつか伝えられている。海上で捕獲したウミガメを乗組員で食べたところ、当事者たちが次々と死んでいった。またウミガメを見世物として売り払ったために、当事者が変死した、などの伝承である。このような伝承の背景には、明治の終わりがたに急速に進んだ、漁船の動力化があるという。

もともと漁師とウミガメは、広い海上においてそう頻繁に出会うものでもなかった。せいぜい砂浜に上陸したり、打ち上げられたりしたウミガメと遭遇するくらいだった。漁師の網に入ることはあっても、それはごく稀なことだったのである。ところが船の動力化がすすみ、遠距離まで漁に出るようになると、海岸からかなり遠くを泳いでいるウミガメに出会うことが多くなった。また、袋状の網を引っ張って魚を漁るトロール漁法が導入されると、ウミガメが頻繁に網にかかるようになった。ときには、網に入ったウミガメは網の中で身動きが取れず、呼吸できなくなったりして死んでいることもある。さらに船の動力化によって、遠くまで出漁すると、漁師たち自身が予期しない海難事故にあうことも多くなった。こうしたことが、「ウミガメのタタリ」伝承を多く生みだしたのではないかというのである。

この説について、筆者はふたつの点において注目している。ひとつは、ウミガメのタタリを恐れた漁師たちが、ウミガメの墓を造ったということである。生類の供養塔や墓を造る心情には、「タタリ鎮め」を祈願するというものが多い。もうひとつ、漁業の動力化＝「近代化」が、「ウミガメのタタリ伝承」を生みだし、各地に多くのウミガメの墓を造らせたという指摘である。他の生類の供養、例えばクジラやクマにおいても、多くの供養塔や墓が、近代になって造られている。つまり、生類供養は古くから行われてきたが、供養碑や供養塔の造立は近代のものといっても過言ではない。これはけっして偶然ではない。このことについては、また第五章であらためて論じたいと思う。

原発とウミガメの墓　最後に、筆者自身も驚いた「亀塚」の話をひとつ。その「亀塚」は、静岡県御前崎市佐倉にある中部電力浜岡原子力発電所内にあるというから驚きである。亀塚は、ウミガメの形をした大きな台座の上に石柱をのせたもの。この石柱は、明治十六年（一八八三）五月三〇日に「佐倉村船元中」が建立したものである。それにしてもいったいなぜ、原発の敷地内に亀塚があるのか。

　地引網を中心とした佐倉村の漁業が衰退するにつれ、この亀塚の石柱も次第に忘れられ、地中に没していたらしい。そして昭和四十六年（一九七一）になって、原子力発電所のタービン建屋が建設される過程で、すでに埋もれていたこの石柱や馬頭観音が地中から姿をあらわした。中部電力はカメ型の台座を新たに造り、馬頭観音とともに亀塚全体を整備した。そして何と、毎年ここで発電所の安全祈願も兼ね、供養祭を行っているというのである。また原発の冷却プールには、ウミガメの死骸が時おり紛れ込むため、これらのウミガメも、墓を造って埋葬しているという。今や、原子力発電所が亀塚の供養祭を行い、死んだウミガメの墓を造っているのである。この事実は、少なくとも筆者には衝撃であった。

　東日本大震災（二〇一一年東北地方太平洋沖地震）においては、大津波で福島第一原発の原子炉がメルトダウンした。そのおかげでわれわれも、タービン建屋とか、冷却プールなどという、原発の構造を少しばかり知るようになった。がしかし、まさか原発の敷地内に亀塚があるとは、夢にも思わなかったのである。それにしても、「原発の安全も兼ねて」、毎年供養祭を行っているというのは、あの福島の事故以降の私たちは、この事実をどう受け止めたらよいのか。決して笑えない話である。

ヒトとウミガメ　かつて漁師たちは、ウミガメが網に入れば「縁起がよい」、「大漁になるぞ」といって、ウミガメを丁重に扱った。そして、ウミガメに願いを託して酒を飲ませて海にかえした。死んだウミガメを見つけると、墓を造り供養塔を建てて供養した。また、竜神や恵美須神としてあがめた。しかし、こうした習俗は次第に廃れつつある。漁師たちとウミガメの距離は、だんだん遠のいていているようにみえる。

いっぽう、ウミガメとその産卵地を守ろうという運動は、全国各地で盛んに行われている。ウミガメは砂浜に上陸し卵を産む、その産卵の様子は大きな目から涙のように見える液体をながす、苦しそうに大きな息づかいをする、最後に丁寧に産み落とした卵に足で砂をかぶせる。なにかヒトに重なる産卵シーンに、ヒトは引きつけられるのであろう。

ウミガメの産卵シーンを一目見ようと、動物保護団体や産卵地の地元の人びとが大勢で見守る。多くの子どもたちが、ウミガメを歓声で迎える。そして、生まれたばかりのウミガメのあかちゃんが、一生懸命海に向かって這って行く様子をみては、「かわいい」「かわいい」の連呼。こんなシーンは、毎年のようにニュース映像で目にする。

さきの浜岡原発の亀塚もふくめて、ヒトとウミガメの関係もひと昔前にくらべると、何と大きく変化しつつあることか。

クジラ――大鯨魚寶塔《たいげいぎょほうとう》

長門国仙崎《せんざき》のクジラ漁　クジラの話は、まず山口県長門市仙崎からはじめよう。仙崎は、山口県屈指の漁港である（写真③）。特産品の仙崎蒲鉾は、同じ山口県の下関市のそれと肩をならべる品質と生産量がある。仙崎はまた、女流詩人金子みすゞの生まれ故郷としても知られる。みすゞは、仙崎港の様子や魚の詩をいくつもつくっている。最も有名なのは「朝焼け小焼けだ　大漁だ　おおば鰯の　大漁だ」ではじまる「大漁」だろう。みすゞの父親が仙崎の網元の四男だったということも、とくに漁業に関心が強かった理由にあげられよう。ただしみすゞの父は、彼女が三歳の時に亡くなっている。

みすゞが生きた時代は、大正から昭和にかけてである。しかしそのころの仙崎港は、漁港としての賑わいの最盛期をすでに過ぎている。実際、みすゞの「鯨捕り」という詩の二節目には、「むかしむかしの鯨捕り、ここのこの海、紫津が浦。」とあって、クジラ捕りはすでに昔の話であったことがわかる。「紫津が浦」も、最盛期がすぎた「静かな漁港」という意味をかけたのかも知れない。捕鯨の最盛期も然り。仙崎港の漁港としての最盛期は、江戸時代後期である。

仙崎港には、文政九年（一八二六）に建てられた高さ七メートルほどもある巨大な常夜灯が建っている（写真④）。常夜灯には願主である網元と思われる名前が刻まれているが、同時に「鯨

③仙崎の漁港

組」の文字も刻まれている。江戸時代には、仙崎と青海島《おうみじま》の通《かよい》にふたつの鯨組があった。仙崎での捕鯨は、冬から翌年の春にかけて、対馬海流に乗ってやってくるクジラを仙崎湾内の網に誘導し、そこで銛で仕留めるクジラ漁である。これを「網取り式捕鯨」というが、この地方でも「鯨一頭捕れば、七浦がにぎわう」といわれ、仙崎はクジラ捕りでにぎわった。

「鯨法会」と清月庵《しょうげつあん》　「やはり」というべきか。仙崎で育った詩人金子みすゞには、「鯨法会《くじらほうえ》」という、仙崎湾のクジラ漁（捕鯨）と鯨供養に関する有名な作品がある。その詩はつぎのとおりである。

鯨法会は春のくれ、
海に飛魚採れるころ。
濱のお寺で鳴る鐘が、

④仙崎港の常夜灯

ゆれて水面をわたるとき、
村の漁夫が羽織着て、
濱のお寺へいそぐとき、

沖で鯨の子がひとり、
その鳴る鐘をききながら、

死んだ父さま、母さまを、
こひし、こひしと泣いてます。

海のおもてを、鐘の音は、
海のどこまで、ひびくやら。

鯨法会が行われる「濱のお寺」とは、仙崎港の対岸にある青海島の向岸寺《こうがんじ》のことであろう。この寺の鯨法会が、この地域では最も古いらしい。また向岸寺の隠居所である清月庵には、「南無阿弥陀仏」と刻んだクジラの供養塔が建っている。供養塔にはまた、狩猟の神である信濃国の諏訪《すわ》明神の勘文《かんもん》も刻まれている。ただし、この「諏訪の勘文」については、クマの項で詳述する。

代々この清月庵では、雌クジラを獲って解体した際、お腹の中にいたクジラの胎児を手厚く葬ってきたという。そして供養塔の後方に、クジラの胎児を実際に埋葬してきた。胎児を葬るのは、産女が流産ないしは死産したとき、胎児を葬る行為を連想させる。クジラの胎児は、仙崎の漁師たちが寺に持ち込んだものである。この供養塔は、地元では単に「鯨墓」ともいっている。いつのころからか、寺へのお参りとお供えは絶えたことはないという。

ちなみに仙崎の市街地にある普門寺《ふもんじ》にも、「諸浦繁栄魚鱗成仏」と刻んだ、魚の成仏を願う供養塔がある。また、仙崎の八坂神社（祇園社）には、鯨組が江戸時代に奉納した「捕鯨図」がある。指揮船と多くの小船で構成されたクジラ獲りの船団が、クジラを網の中へ追い込んでいく様子が、生き生きと描かれている。

捕鯨の伝統　捕鯨の痕跡は、先史や古代にもわずかに見られるらしい。捕鯨ではなく、入り江に入り込んだり、浜に打ち上げられたりする「寄り鯨」の利用も、古くから行われていたに違いない。しかし、高級食材としてのクジラ肉に需要がみられるようになるのは十五世紀末頃という。京都では、伊勢湾産のクジラ肉が売られるようになった。このころから伊勢湾を供給地とする産業としての捕鯨が興ったという。その後、捕鯨の技術は伊勢（三重県）から紀州（和歌山県）、さらには土佐（高知県）から九州へと伝播する。東日本では房総沖（千葉県）から、現在のいわき市

（福島県）沖の太平洋沿岸で捕鯨が行われた。

江戸時代にはいると、クジラ肉に加え、灯油としての鯨油の需要が増し、捕鯨は一大産業に成長する。灯油としての鯨油の需要増大は、各地の城下町の発展によるものである。十八世紀に入ると灯油に加え、稲につく害虫ウンカを除く「農薬」がわりとしての鯨油の需要も高まる。田に鯨油をまき、稲についたウンカをはらい落とすと、ウンカの羽に油が付着し動けなくなる、また呼吸できずに死んでしまうのである。ちなみに、油で害虫を除去する「注油駆除法」は、十八世紀初頭に筑前（福岡県）で登場し、享保の飢饉をきっかけにして普及しはじめたという。

江戸時代の農学者大蔵永常《おおくらながつね》の著書に『除蝗録《じょこうろく》』がある。この農書は、鯨油使用の効用について論じたものだが、その中に「油の論」という項目がある。その冒頭には、次のようにある。「蝗を去に用ふべき油ハ鯨油を最上とす、五嶋・平戸・熊野其外伊豫より出るもの正真の鯨油にして其の効速なり」と。大蔵は、蝗を除く油として、鯨油が最適だという。そして五島・平戸・熊野・伊予のものが、「正真の鯨油」だという。その上で、「鯨之品種」について図を付して説明している。『除蝗録』は、文政九年（一八二六）に刊行されているが、このような農書の普及により、鯨油使用も拡大していった。

こうして産業としての捕鯨がいっそう盛んになり、各地に捕鯨を専業とする鯨組ができる。なかでも西日本での鯨組の組織化と発展がいちじるしい。右の長門国仙崎の鯨組も、こうした流れの中で興ったものである。産業としての捕鯨は、その発展と共に精神文化へも転化し、生活の中にも浸透していく。各地に残る鯨唄や鯨供養、鯨供養塔の建立などがそれである。

特別な「魚」　海棲動物であるクジラの漢字は、魚偏である。それはもともと、人間がクジラを魚類として認識していたからにほかならない。漁師たちは、生物学的にクジラとほかの魚との違いを説明することはできなかったかも知れない。しかし獲ったばかりのクジラを処理するときに、体温があることに気づいたであろう。また、たまに雌のお腹の中から胎児が出てくることがある。だから漁師たちは、クジラがほかの魚とは違うことは分かっていた。また漁の時に、クジラの親子が群れて泳いでいる姿や母クジラが子クジラを守ろうとする様子にも、ほかの魚との違いを見いだしていた。だからクジラを特別扱いにしてきたのである。

クジラが特別なのには、もっと単純な理由がある。それは、巨体だということ。巨体であるが故に、その肉は捕獲した浦（港）を充分に潤すに足る財産にかわりうる。「鯨一頭で七浦がうるおう」というはなしは、今も各地に残る。それはまだ、さほど豊かでなかった時代の恒常的な飢えを、一時的にであれしのぐ恩恵を与えたこともある。また港の修築など、地域の公共財の維持・蓄積に資すること多大であった。さらにはふだん見慣れぬ巨大な海の生き物は、その姿をヒトの間近にあらわした途端、そこには衆目の好奇のまなざしがそそがれることになった。クジラは、いわゆる「見世物」としても格好の生き物だった。

見世物としてのクジラ　周知のように、江戸時代にはゾウやラクダ、ロバやヒョウなど舶来の動物が見世物となり、多くの人を集めた。大勢の人びとが動物を見に集まったのは、単に珍しいからだけではない。舶来の動物を見ると「御利益」があると信じられていたからである。その「御利益」とは何か。それは厄払いや疱瘡とか麻疹とかの悪疫除けになるというものだった。そしてクジラもまた、見世物となった。

江戸時代におけるクジラの見世物は、やはり江戸での記録が多いが、大坂でも行われていた。さきにクジラ肉の消費地として京都をあげたが、江戸時代、特にクジラの網取法が普及した十七世紀後半以降、江戸や大坂もクジラ肉の大消費地となった。十返舎一九の『東海道中膝栗毛』の「淀川下り」の場面では、クジラ肉の煮付けが登場する。そして大坂の法善寺では、明和三年（一七六六）に大クジラの見世物が大々的に行われた。大坂人のクジラへの関心も高かった。ちなみに、大坂の瑞光寺（東淀川区）には雪鯨橋という、鯨供養をかねた石橋がある。この橋の欄干の手すりには、今でもクジラの骨が使用されている。長年の風雨で手すりの骨が朽ちてくると、熊野の捕鯨漁民から新たな骨の提供を受けて修復してきたのだという（大阪市HP）。

見世物としての動物は、近代になると動物園が造られ、そこで「展示」されるようになる。もちろん近代の動物園は、動物を見せるだけでなく、動物の保護・研究を行う。しかし明治になっても、江戸時代以来の動物の見世物は、まだ消滅しなかった。というより、見世物自体が庶民の娯楽として生き続けていたのである。

家島《よじま》での見世物と鯨墓　ここで、見世物となったクジラの話をひとつ。それは大分市家島での話。家島村は、現在は大分市に属する。大野川の河口のデルタに位置し、鶴崎に隣接する。別府湾に面し、佐賀関の西方にあたる。鶴崎と家島一帯には、今でこそ県内有数の工業地帯が広がるが、戦前は農業と漁業が主要な産業であった。

明治三十三年（一九〇〇）十月、別府湾内で漁を行っていた家島村の漁民三人が、湾内に迷い込んだクジラ一頭を発見。三人は急ぎ村に帰り、村の全漁民に応援を求めた。漁民たちは網でクジラを生け捕りにし、大野川河口の港までクジラを曳航した。別府湾内でクジラが生け捕りにされるのは当時でも珍しく、〝鯨捕獲〟のニュースはすぐに周辺の村々へ広がった。そして見物人が続々と集まってきた。

家島の漁民たちは、「せっかく苦労して生け捕りにしたんだから、タダで見せても何もならん」ということで、見物料を取ることになった。港にぐるりと囲いを設けクジラが見えないようにし、さらに櫓を組んだ。櫓にのぼり高みのクジラを見物する者からは、下で見る者より高額の見物料を取った。

⑤家島公民館のクジラ供養碑

しかし、もともと弱って群をはずれ、別府湾に迷い込んだクジラだったのであろう。クジラは日が経つにつれ、だんだん衰弱して遂にひと月ほどで死んでしまった。クジラを見世物にして金を取った漁民のなかからは、「罪滅ぼしに供養碑を建ててやろう」という声が上がった。そこで漁民たちはクジラの葬儀をして、港の一角にクジラの供養碑を建てた。葬儀や供養碑の建立には、見世物で得た見物料も使われたことであろう。

⑥臼杵市大泊港の遠景

このクジラの供養碑は一時所在がわからなくなっていたが、戦後発見され、現在は家島公民館の敷地内（ここは家島村漁業協同組合の跡地）に建っている（写真⑤）。供養碑の正面には「釈西性悟之碑」とある。また裏面には、「明治三十三年十一月廿日葬」とある。「釈西」とは、浄土真宗の法名の頭に付ける語である。従って「釈西性悟」がこのクジラの法名だったのだろう。

大鯨魚寶塔　臼杵市東部の大泊《おおとまり》集落（写真⑥）に、高さ約二メートル五〇センチの立派なクジラの供養塔がある（写真⑦）。供養塔は臼杵湾から、波穏やかな大泊の港へ入る時、右手の海がよく見える道端に建っている。塔の正面には「明治四年辛未　大鯨魚寶塔　二月朔日建之」とあり、明治四年（一八七一）に建てられたことがわかる。塔のかたわらに立っている臼杵市教育委員会の案内板には次のようにある。

鯨の墓

臼杵市大泊

これは鯨に対する感謝・報恩供養《ほうおんくよう》のために建てられたものです。明治三年に鯨が捕れる前、大泊村は漁港をつくるために各地から石の買い付けをして大きな借金を抱え込み、村中がその返済に苦労していました。そんな折、鯱《しゃち》に追われて漁港に逃げ込み、動きの取れなくなった鯨を捕らえて、これを売って借金を全部返すことが出来たという話が記録に残っています。このため鯨は「村の救いの神」として祀られ、今なお供養がおこなわれています。

臼杵市教育委員会

⑦大泊のクジラ供養塔

クジラは、体長拾(十)七間三尺のシロナガスクジラだったという。現在もクジラの供養が、毎年二月一日に大泊集落の公民館で行われている。

「鯨一件簿」明治四年の話だから、鯨供養はもう一四〇年余りも続いていることになる。それだけでも驚きである。しかしそれ以上に驚くことがある。それは、このクジラ騒動の一部始終を記録した史料が、今日まで伝えられていることである。その史料は「鯨一件簿」という。この史料によって、クジラ発見から寶塔建設までの経緯が裏付けられる。そのことが、実に貴重であるといわねばならない。見方を変えれば、記録が現在にまで伝えられるほど、「鯨一件」は「一大事」または「珍事」だったのだ。この「鯨一件簿」をもとに、「大鯨魚寶塔」の周辺をもう少し詳しくみてみよう。

明治の中頃まで、豊後水道では北上するクジラがしばしば見られたという。古老の話では、クジラの北上は別府湾で繁殖するためだともいう。大きなクジラが大泊の港に迷い込んだのは、「明治三年二月朔日暁明」というから、夜明け前だった。明治三年（一八七〇）といえば、まだ廃藩置県前である。従ってこれは、臼杵藩内での出来事だったということになる。クジラの話をどこから聞きつけたか、村中の老若男女が手に手に縄や銛を持って大泊の港に集まった。港は大勢でごった返した。

人だかりができた頃、クジラはまだ生きていたらしい。「長須鯨壱本　長拾七間三尺　回リ八間余」。クジラは体長三〇メートルを超す巨大シロナガスクジラであった。胴回りは一五メートルほど。シロナガスクジラは現存する最大の動物種である。最も大きいものの記録では、三四メートルのものが確認されているという。「長拾七間三尺」が事実なら、約三二メートルということになる。三〇メートル級のものは稀だというから、大泊のクジラは、史上最大級にちかいシロナガスクジラであった可能性がある。そこで思い出すのが、東京上野の国立科学博物館にある、シロナガスクジラの実物大の模型である。この模型は博物館の建物の前に立っているが、上野公

⑧国立科学博物館のクジラ模型

園内を歩いていれば否応なしに目にはいる。この模型のクジラは、体長は三〇メートル、重さ一五〇トンのシロナガスクジラである（写真⑧）。下から見上げれば、それは大きい。大泊のクジラは、これと同程度か、若干これより大きいクジラだったことになる。大泊の村びとも、さすがに驚いたであろう。

これだけの大物になると、仕留めるのも大変だったと見え、クジラには何本もの銛を打ち込んだ。さらには頭に金碇を打ち込んで動けなくし、縄でぐるぐる巻きにした。そして近隣の風成《かざなし》村の漁民にも応援を頼んだ。この場面を想像すると、のちにこのクジラの供養を続ける穏やかな人びとと、かなりギャップがある。クジラは身体や頭に銛や碇を打ち込まれ、大量の血を吹き散らし、そして苦しみながら死んでいったことだろう。逆に考えれば、クジラが凄まじい流血のうえもだえ苦しんで死んでいったからこそ、今日まで供養することになったのかも知れない。

獲ったクジラの最期、つまり「断末魔のクジラ」を描写した記録は、かなり広範に残されている。一例をあげれば、享保五年（一七二〇）に刊行された捕鯨専門書である『西海鯨鯢記』に捕獲されたクジラの最期は次のように表現されている。「死セントスル時身ヲノシ大息ヲツキ一声嗽テ舟ヲ負ナカラ二三反舞コト茶臼ノ如シ。迴カ喉ゴロゴロト鳴テ息絶ス」と。「嗽ス」とは「悲しい鳴き声をあげる」という意味だろう。「二三反舞コト茶臼ノ如シ」とは、「苦しさに体をよじらせ、茶臼のように二度、三度回転する」ようすを表しているのだろう。そして最後はゴロゴロと喉を鳴らしながら息絶える。『日本人の宗教と動物観』の中で中村生雄は、「鯨の死に立ち会う鯨捕りの心情」を語っている。クジラ捕りの漁師たちの心は、クジラを打ち倒したという達成感と同時に、自らを殺戮者とする罪の意識に引き裂かれる。大泊村の人びとの心理も、これと同様の状況にたち至っていたものと想像されるのである。

クジラ見物に藩主夫妻もお出ましになった。殿様は臼杵城下の北にある中津浦の港から、船に乗って大泊にやってきた。それはもう、殿様も驚いたにに違いない。その場で殿様が、クジラのひげを所望したので二本献上したという。さらに後日、殿様には「尾羽毛　但目方　拾七貫目」が献上された。「尾羽毛」は「おばいけ」のことである。クジラの身と尾の間の部分にある肉で、最も美味とされる。刺身として酢みそなどで食す。

落札価格七拾五貫　村びとたちは、さっそく臼杵藩の海税役所に届け出た。クジラははじめから切り売りするつもりだったものとみえ、早速入札にかけられた。近隣から、大勢の商人たちが集まった。臼杵藩内の商人はもちろん、佐伯藩や熊本藩領の商人、さらには「豊前国」の商人も含め「数百人」が入札に加わった。しかし二月朔日当日は、入札は不調に終わったらしい。翌日になって熊本藩領一尺屋《いっしゃくや》（大分市、旧佐賀関町）の商人松蔵が、「七拾五貫」で落札した。

この「七拾五貫」（七五貫）は、いったいいかほどになるのか。銀一貫は三・七五キログラムである。従って「七拾五貫」は、二八一・二五キログラム。現在（二〇一四年一月）の銀相場一グラム＝六七円で現在の価格に換算すると、一八八四万円余となる。しかし貨幣価値の換算は、実はこんなに単純ではない。当時の米の価格との比較、賃金との比較などでかなり変わってくる。「鯨一件簿」には、「入札高　金四百七拾壱両壱歩壱朱」ともあり、小判で四七一両余りとある。明治三年だから、これが万延小判（仮に一両＝五万円とする）として換算すると、二三〇〇万円余りになる。結局、落札額「七拾五貫」は現在の二〇〇〇万円前後と考えてよいのではないだろうか。

このクジラ騒動の明治三年より前、大泊村では港を修築した。しかしその時、村では修築費用をすべて賄えなかった。要するに大泊村は、借金を抱えていたのである。借金の多くは村役人がかたがわりしていたらしい。それがこのクジラを売った代金で、借金をすべて帳消しに出来たのである。

クジラは漂着物　臼杵など豊後水道沿岸は、仙崎のように鯨組があって捕鯨を生業としていたわけではなかった。クジラはイワシなどを追って湾内に入り込み、そして捕獲されたり浜に打ち上げられたりする。そのクジラを、漁民たちが食用にしたり売ったりして利用する。このような地域では、入り江で捕らえられたり浜に打ち上げられたクジラは、一種の「漂着物」として扱うことが多い。藩によっては、クジラなどの「漂着物」による利益のうち、藩への上納分（税金）をあらかじめ設定していた藩もある。

先に大泊のクジラは、「二〇〇〇万円前後で落札されたのではないか」といったが、右のような事情から考えると、この落札額のすべてが大泊村の収入になったわけではない。クジラが捕獲されるとすぐに、臼杵藩の海税役所に通告されたのも、クジラの収益の一部は藩に上納しなければならなかったからである。また、クジラを売るまでに必要だった経費（船の使用料や人夫の賃金）も支払われたし、世話人への謝礼も必要だった。さらには、クジラ供養を執行してくれた大橋《だいきょう》寺《じ》（臼杵市平清水《ひらそうず》）へのお布施なども支払ったから、総額ではかなりの出費もあった。しかしそれでもなお、大鯨は大泊村の人びとにとっては「救世主」であった。

「お鯨さま」　めでたくクジラが高額で落札されたあと、しばらくして、クジラ供養が盛大にとりおこなわれた。「鯨一件簿」には「（二月）十六日、大施餓鬼並百万遍を以鯨魚為供養修業」とある。大橋寺の僧侶一五人を呼んで、大泊村の浜で大施餓鬼を行った。施餓鬼《せがき》とは、餓鬼すなわち無縁霊に飲食物を施して供養する儀礼である。この時、クジラの「両眼、陰根、両腰のひれの骨」が壺におさめられ、埋納されたという。これは、ヒト同様の立派な葬送の儀礼である。壺を埋めた場所には、翌年「大鯨魚寶塔」が建てられた。しかし、供養塔の現在の場所は、もともとの場所から移動している。

また大橋寺では、檀家の過去帳の中にこのクジラの戒名（「轉生大鯨善魚」）を記入してその経緯についても簡単に触れている。ヒトとクジラを、少なくともこの過去帳では同等に扱っているのである。

大泊集落で、件《くだん》の大クジラの墓について住民に訊ねると、大泊の人びとからは、決まって「鯨さま」とか「お鯨さま」ということばが返ってくるという。また二月一日（大鯨が捕れた日）には、地区の集会所で今も毎年、クジラの供養祭が行われている。あれから一四〇年たった今でも、大泊地区ではクジラに感謝する心が伝えられているのである。

クジラの扱い方　臼杵大泊村のクジラのはなしをすこし詳しくしてきたが、実は、クジラの扱い方は、地域によってかなりの違いがあることも触れておきたい。松崎憲三は、九州豊後水道沿岸地域（福岡県の豊前地方、大分県、宮崎県）の「寄り鯨」（漂着したクジラ）の処置（八つの事例）について、「九州沿岸地域の諸事例のうち、寄り鯨を何らかの形で処理し、クジラ肉や大金を得たとするものは三例と少なく、「鯨は神の使い」故食さない、埋葬だけしてやったとするものが四例、他は不明であった」と述べている（「寄り鯨の処置をめぐって」）。要するに、臼杵大泊村のようにクジラを解体して売ったり食べたりすることが、九州豊後水道沿岸では決して一般的ではないのである。さらに供養塔などの建立年代については、二件が江戸後期でその他はすべて明治以降だという。供養塔建立という習俗も、この地域では、江戸後期にはじまり、その多くは近代を迎えてから、ということになろう。ただし、同じ豊後水道沿岸でも、愛媛県では江戸時代に建立されたものが多いという。

【表１】大分県内鯨の墓一覧（建立年順）

	名　称	建立年		所在地
1	南無阿弥陀仏鯨塔	1843年	天保14	豊後高田市呉崎《くれさき》
2	大鯨魚寶塔	1871年	明治４	臼杵市大泊《おおとまり》
3	鯨神社	1882年	明治15	臼杵市中津浦
4	大鯨善魚供養塔	1886年	明治19	臼杵市佐志生《さしう》
5	俗名鯨　法号釋皆成	1888年	明治21	大分市佐賀関上浦
6	南無阿弥陀仏鯨魚塔	1888年	明治21	佐伯市上浦町浅海井《あざむい》
7	釋尼鯨	1894年	明治27	臼杵市大浜破磯
8	釈西往結縁之碑	1900年	明治33	大分市家島
9	南無阿弥陀仏鯨魚墓	1908年	明治41	佐伯市上浦町浅海井
10	鯨之墓	1944年	昭和19	臼杵市大浜松ヶ鼻

＊吉井正治「臼杵市内の鯨の墓について」、三浦正夫「歴史散策と家島考」より作成。

　ところで、日本全国には確認されただけで八〇基以上のクジラの墓や供養塔があるが、そのうち大分県には一〇基が存在する（表1）。大分県は、新潟県や長崎県とともに、クジラの墓や供養塔が多数存在する県に数えられる。

「神のつかい」とタタリ　クジラをなぜ供養するのか。すでに述べたように、臼杵の大泊村の場合は、借金漬けの村を救ってくれたことに対する感謝の意をあらわすためであったろう。そして供養塔を建て、毎年供養祭を催すことで、感謝の気持ちとクジラの記憶は、百年以上にわたって受けつがれた。しかし「寄り鯨」の処置の仕方が違うように、供養塔を建てる時の人びとの気持ち、考えには違いがある。

　クジラは「神のつかい」だと考える人びともいた。明治十九年（一八八六）にクジラが漂着した臼杵市佐志生《さしう》では、古来クジラは「神のつかい」といわれてきた。だから佐志生では、ク

⑨佐志生のクジラ供養塔

ジラを食べることはない。大泊から佐志生までわずかな距離だが、クジラに対する意識は大きく違っているといえる。既に死んだクジラが漂着したとき、佐志生の人々はクジラの頭の骨と一文銭五枚を埋葬して供養した。佐志生にあるクジラの供養塔も立派なもので、施主は網元四人と「村中」となっている（写真⑨）。クジラから何の利益を得るでもなかったにもかかわらず、かなりの私財を費やしても供養塔を建てた意味がそこにある。

またクジラのタタリを恐れて供養する事例も多い。神（竜神）や観音のつかいといわれるクジラを、捕獲することで不幸が訪れるという伝承も各地にある。胎児を宿したクジラのタタリを恐れることも多い。そしてタタリを恐れるケースは、捕鯨を生業とする地域に多いという。さきの長門市仙崎なども、このようなケースにあたるだろう。このタタリを恐れる心性は、さきに述べたウミガメにも、さらに後述するクマにも共通するものである。日本人が「生類供養」を行う理由は、「タタリ鎮め」という要素が大きいように思われる。

もうひとつ指摘しておきたいのは、漁師（住民）が主導してクジラの供養塔を建てる場合も多いのであるが、大泊村の大鯨魚寶塔と鯨供養は、大橋寺という寺院が積極的に関与ないしは主導していることである。そしてここの鯨供養は、今も大橋寺の僧侶が招かれて供養祭が行われている。仙崎の向岸寺も同様であるが、鯨供養の場合、近世の仏教寺院が積極的に関与していたのである。

呉崎《くれさき》新田の鯨供養塔　最後に、大分県豊後高田市の鯨供養塔を紹介して、この章を終えよう。豊後高田市は、国東半島の北側の付け根にあたる。今は「昭和の町」による町おこしで有名になった街である。その「昭和の町」からもほど近い、呉崎という地区にクジラの供養塔が一基ある。現在、国道二一三号線が走っているあたりから北側の水田地帯は、呉崎新田とよばれる。幕末に、広瀬淡窓の弟広瀬久兵衛が主導して開いた干拓地である。干拓地となる前は、国道から北側は遠浅の海だった。ここにクジラが打ち上げられたと思われる。クジラの供養塔は、国道から三〇〇メートルほど北側にある。今は呉崎新田の水田地帯のただ中にある。このクジラの供養塔の所在地は、地元の人でもあまり知らないらしい。筆者は、豊後高田市呉崎公民館の伊東泰三館長に案内していただいた。

クジラの供養塔は、高さ約六〇センチほど。どこにでもあるありふれた四角柱型の石塔である（写真⑩）。驚いたのは、この供養塔が一〇メートル四方ばかりの共同墓地に、ヒトの墓とならんで建っていることである。だから墓石に刻まれた文字を確認しなければ、まったくヒトの墓と区別がつかないのである。伊東館長も、「どれだったかなあ」といって探されていた。墓石には、「南無阿弥陀仏鯨塔」と刻まれており、まぎれもなくクジラの供養塔である。側面には「天

⑩豊後高田市の鯨塔

保十四年」（一八四三）とある。現在知られている、大分県内のクジラの墓・供養塔一〇基のうち、建立年が判明するものでは、いちばん古いものである。

周囲をみると、水田が海のほうへむかって広がっている。墓地の周辺には、集落もみられない。田んぼの中の墓地である。しかし当時は、潮が満ちればここらあたりまで海水がきていたことは間違いない。ただ、「この墓が、当時からここにあったかどうかはわかりません。移した可能性もあります」とのことだった。クジラに思いをはせながら、海のほうをしばらくながめていた。伊東館長の「ここらへんの百姓も、米ができるようになるまで、ずいぶん苦労したんですよ」というおはなしが、なにか妙に印象深かった。

サカナ・カイ・カニ——魚鱗供養塔・貝之供養塔・かに供養地蔵

佐伯の殿様浦でもつ

大分県南地方では古くから、「佐伯の殿様、浦でもつ」という言葉がある。「佐伯の殿様」とは、佐伯藩主毛利氏をさす。佐伯地方は、リアス式海岸がつづき、古くから漁業がさかんであった。いっぽう、山間地は九州山地に連なる山深い地域が続く。海も山も平地は少なく、したがって水田が少ない。そこで佐伯の殿様は「浦」＝リアスの海（漁業）で成り立っているというのである。

佐伯地方の漁業においては、特にイワシ漁が盛んであった。このイワシを干してつくる干鰯《ほしか》は江戸時代、大坂に出荷されて最高級品として高値で取り引きされた。干鰯は、とれたイワシを大きな木箱に入れて重しをかけて搾る。絞り汁のうちイワシの油は、上澄みをすくい取って灯油として利用された。次に搾ったイワシを天日に干し、からからに乾燥したのち、袋につめて出荷する。

干鰯は綿花栽培のための肥料として、畿内地方では欠かせなかった。綿花栽培には、大量の有機肥料が必要だった。干鰯や油粕は、この有機肥料として有効だったが、高価だったために「金肥《きんぴ》」ともいわれた。綿花地帯を背後にもつ大坂や堺には、全国から干鰯が集まり、干鰯問屋がいくつもあった。その大坂や堺でも、佐伯産の干鰯は高く評価され、佐伯藩にとって重要な収入源

【表2】臼杵・佐伯の魚類関連供養塔（建立年順）

	名　称	建立年		所在地
1	江河魚鱗離苦得楽塔	一七二〇年	享保　五	米水津村宮野浦
2	江海魚鱗離苦得楽塔	一七三二年	享保　十七	蒲江町蒲江浦東光寺
3	巨海魚鱗離苦得楽塔	一七三八年	元文　三	米水津村色利（いろり）浦
4	魚鱗塔	一七四一年	寛保　一	鶴見町羽出（はいで）浦
5	江海魚鱗離得楽塔	一七四三年	寛保　三	米水津村竹野浦潮月禅寺
6	魚鱗塔	一七四七年	延享　四	米水津村浦代（うらしろ）浦普門庵
7	魚霊供養塔	一七六七年	明和　四	臼杵市大泊
8	魚鱗供養塔	一七七〇年	明和　七	蒲江町畑野浦山福寺
9	一字一石大乗妙典魚鱗塔	一八一七年	文化　十四	鶴見町梶寄（かじよせ）浦
10	一字一石大乗妙典三界萬霊魚鱗供養塔	一八一九年	文政　二	鶴見町鮪（しび）浦
11	魚鱗供養塔	一八二一年	文政　四	米水津村小浦
12	諸魚供養村中安全塔	一八六三年	文久　三	臼杵市中津浦
13	諸魚供養本綱安全塔	一八八〇年	明治　十三	臼杵市中津浦
14	魚之墓	一九八二年	昭和五十七	臼杵市津留
15	貝之供養塔	一九八二年	昭和五十七	臼杵市津留
16	かに供養地蔵	一九八四年	昭和五十九	臼杵市津留
17	魚鱗塔	不明		米水津村浦代八十八ヶ所
18	魚鱗供養塔	不明		蒲江町竹野浦河内向原寺
19	魚鱗供養塔	不明		蒲江町楠本浦
20	魚鱗供養塔	不明		蒲江町猪串浦
21	魚鱗供養塔	不明		津久見市保戸島海徳寺境内
22	魚鱗供養塔	不明		津久見市下青江解脱闇寺境内

＊『蒲江町誌』『米水津村誌』『津久見市誌』『鶴見町誌』のデータに筆者の調査を加えて作成。

だったのである。佐伯藩は、浦々の漁業で成り立っていたのである。

魚鱗塔《ぎょりんとう》（魚鱗供養塔）

佐伯市とその周辺には、「魚鱗塔」とよばれる魚介類の供養塔が多く見られる。「魚鱗」の鱗は、いまはふつう「うろこ」の意であるが、「鱗」という字は「さかな」や「うお」そのものをさす。したがって、「魚鱗」という語は魚全般をさしていると考えたほうがよい。また、「魚鱗塔」と「魚鱗供養塔」とは、同じものと考えてよかろう。

大分県内の自治体史などで拾ってみると、魚鱗塔の類を二二基見いだすことができた（表2）。この二二基はいずれも、大分県南の臼杵市と津久見市、それに佐伯市に存在する。そのうち、特に佐伯市に多いことがわかる。そして表中の臼杵市を除く、津久見市以南は江戸時代は佐伯藩領であった。したがって、二二基のうち、一七基は旧佐伯藩の領内で造られたことになる。もちろん、建立年が不明のものもあるから、すべてというわけではないが。佐伯市への合併前の米水津村や蒲江町、それに鶴見町（いずれも現佐伯市）は、リアス式海岸の入り江ごとの浦々すべてが、小さな漁村だといっても過言ではない。

建立年が判明するものの中で、最も古いものは享保五年（一七二〇）である。そして半分近くの八基が十八世紀に、そして五基が、十九世紀前半に造られていることが分かる。これは他の生類たちの供養塔などと比較した場合、建立された年代も古く、しかも数も多いといえるであろう。

佐伯市鶴見羽出《はいで》浦の魚鱗塔

魚鱗塔の中で比較的多くの情報を得られる、佐伯市鶴見羽出浦（旧鶴見町）の魚鱗塔を見てみたい。羽出浦は、リアスが発達する日豊海岸の典型的な漁村である。戸数は現在、一〇〇戸あまり。江戸時代は、佐伯藩領であった。この旧鶴見町から旧米水津

⑪福聚庵から港を見下ろす

村、さらには旧蒲江町にいたる海岸沿いは、三〇～四〇年前までは海沿いの道もじゅうぶん整備されず、浦々を結ぶ主な交通手段は船だけという時代が長くつづいた。そこに立ってみると分かるのであるが、眼前には穏やかな海が広がるが、背後には壁のような山がせまっている。その隔絶性から、このあたりには「隠れキリシタン」の伝説も多い。

筆者は羽出浦のもと区長さんである濱野静雄さんにご案内を頂いた。濱野さんによれば、羽出浦は昭和二十七～二十八年頃までは、漁業を生業とする家がほとんどであった。しかしその後、沿岸漁業は徐々に衰退に向かう。高度経済成長期になると漁業をあきらめ、この浦を出ていく人も増えた。今はこの周辺のほかの浦々と同様、高齢化が著しい（現在、住民

⑫羽出浦の魚鱗塔

の約半分が六五歳以上）。濱野さん自身、もとは漁業に従事されていたが、やはり漁業をあきらめ建設業に転じた方だ。高齢化とともに少子化もすすむ。羽出浦には小学校もあったが、筆者が訪ねたときはすでに閉校となって校舎だけが建っていた。

このリアスの海沿いを車で走っていると気づくのだが、墓地は二〇メートルから三〇メートルくらいのところに、崖を削って造成した猫の額ほどの狭い場所にある。神社や寺院も同じような所にある。

さて、羽出浦の魚鱗塔があるのも、海から三〇メートルほどの集落をみおろす福聚庵というお寺の一角にある（写真⑪）。濱野さんのご自宅裏の細い道を、ジグザグに登っていく。ゆっくり登ったが、それでも息が切れるほどの急坂である。お寺といってもいまは無住らしく、小さな建物があるだけで、今は集落で維持・管理されている。お寺の境内の縁に墓地があって、その中に魚鱗塔は建っている。

この塔は、高さ一・四メートルほど。立派な石塔である（写真⑫）。左側面に、「寛保元年辛酉天七月吉日」とあるから、一七四一年に建てられたことがわかる。正面には、「始欲施塔當願衆

生　魚鱗塔　施行福裕究暢随意」とある。筆者には少々難解であるが、「始欲施塔」は、「はじめて施塔せんと欲す」。「當願衆生」は、「まさに願わくは衆生とともに」または「まさに願うべし衆生」という意味か（ただし『華厳経』にみえる「當願衆生」は、また別の意で用いられている）。「施行福裕」は、「福裕を施行せん」。「究暢随意」の「究暢」は、通常「究暢要妙」という語でみられ、「教典を究め尽くし、通達する」という意味である。細切れにしてしまうと、かえって分かりづらくなってしまったかもしれない。しかし、仏教用語として用いられる語が多用されている。要するに、「塔を建てるのは、衆生とともに福裕をあまねく広めるため」という意味であろう。

右側面には、「一切魚鱗皆倶成仏」とある。この意味は、至極明瞭であろう。「すべての魚たちよ、皆ともに成仏してくれ」。こうしてみてくると、この魚鱗塔の建立には、仏教寺院（僧侶）が深く関与して建てられたと思われるのである。

さらに裏面には「施主　當浦安倍氏　造立」とある。「當浦」とは、いうまでもなく羽出浦のことである。安倍氏が具体的に誰かは分からないが、おそらくは網元（船主）または名主のような人物ではなかったか。

供養塔の多い海域　ウミガメの項ですでに引用した田口他「魚類への供養に関する研究」のデータ分析では、魚類供養塔の地域分布に関する考察がある。それによれば、全国には一四四四基の魚類供養塔（類似物含む）がある。このなかで、供養塔の多い上位一〇県をあげているが、それによると一位秋田県（八八基）、二位千葉県（八六基）、三位静岡県（八四基）、四位愛知県（八〇基）、五位三重県（六三基）、六位愛媛県（五五基）、七位大分県（四八基）、八位長崎県（四七基）、九位北海道（四一基）、一〇位東京都（四〇基）の順となっている。なお、上位一〇県に中国地方は一県もないが、中国地方でいちばん多いのは山口県の三三基（一二位）である。

こうしてみてみると、九州でいちばん多いのが大分県、四国でいちばん多いのが愛媛県、そして中国地方でいちばん多いのが山口県である。この三県は、瀬戸内海の周防灘《すおうなだ》、伊予灘《いよなだ》、豊後水道をはさんでお互いに隣接する県である。もちろん、山口県は日本海にも面しているが、この三県が接する海域は、魚類供養塔の密度が極めて高い場所といえる。これは、すでに述べたクジラの供養塔についても同様のことを指摘することができるのである。

データにあらわれた数字だけで判断することは、論証不足の誹りを免れない。しかし、次のようなことが、この数字から推測できるのではないだろうか。それは、瀬戸内海のこの海域が古くから漁業が盛んなこと、したがって人（漁民）の行き来も盛んなこと、ここから魚類を供養するという習俗も、この人の行き来によってこの地域で広まったのでないかということである。

柳井市平郡島《やないしへいぐんとう》の供養塔　右のような考えを補強してくれる、恰好の供養塔をひとつ紹介してみたい。それは、山口県柳井市平郡島の魚類供養塔である。平郡島は柳井市の南約二〇キロメートルの伊予灘に浮かぶ東西に長い島。東西に長いので、集落は西と東にそれぞれ分かれている。人口は五〇〇〜六〇〇人の小さな島である。古くから漁業を生業とした島で、急斜面には段々畑がみられる。しかしここも高齢化がすすみ、放棄された農地も多いという。さてこの供養塔は、島の西の集落にある浄土宗明上山円寿寺の境内にある。砂岩でできた供養塔で、基礎の二段は花崗岩でできている。高さ六・三メートル、角柱上端四角形の角は丸みをつけて仕上げている。

塔の正面には「江海魚鱗離苦得楽」、右側面には「法華経一部　三部経一部」、左側面には「明和九辰年二月立之」、背面には「施主　佐伯屋吉右衛門」とある。この銘文から分かることは、明和九年（一七七二）二月に、佐伯屋吉右衛門が施主となって建立したということである。魚類の供養のために塔の内部には、法華経と三部経を埋納したという。

実は佐伯屋は、江戸時代に豊後水道に面した現在の大分県佐伯地方まで出漁して財をなした網元だという。「佐伯屋」という屋号が、それを物語っている。建立当時と江戸時代の魚鱗供養の記録はないが、今日も平郡島の住民によって供養が行われている。魚鱗供養祭は、平郡島のうち西集落の住民がみな参加して、毎年夏に営まれているという（柳井市ＨＰ）。

ここで思い出されるのが、大分県佐伯地方の魚鱗塔である。もう一度、（表２）をご覧いただきたい。柳井市の「江海魚鱗離苦得楽」塔と同じ文言を刻んだ塔が、四基ある。古い順にあげると、旧米水津村宮野浦の「江河魚鱗離苦得楽」塔（享保五年（一七二〇））、旧蒲江町蒲江浦東光寺の「江海魚鱗離苦得楽」塔（享保十七（一七三二））、旧米水津村色利《いろり》浦の「巨海魚鱗離苦得楽」塔（元文三年（一七三八））、旧米水津村竹野浦潮月禅寺の「江海魚鱗離得楽」塔（寛保三年（一七四三））の四つである。柳井市のものは、明和九年（一七七二）に建てられており、この四基より新しい。しかし、いずれも十八世紀に建てられたものである。「江河」「江海」「巨海」など、広い海を意味する語句に微妙な表現の違いはあるが、どれもほぼ同じ文言といってよいだろう。そして（表２）から分かるように、この地域の魚類供養塔の中では、これらは比較的古い形態の魚鱗塔だといえよう。

この山口・愛媛・大分の三県が接する海域では、漁民の行き来は頻繁であった。というより、もともと漁民には境界はないに等しいから（ただし、沿岸への他領漁民の侵入は、佐伯藩でも規制されていた）、頻繁な行き来は至極自然の状況であった。そして佐伯近海まで出漁して財をなした佐伯屋吉右衛門は、佐伯地方で漁獲した魚とともに、佐伯地方の魚類供養塔の様式も平郡島まで持ち帰ったと考えてよいのではないだろうか。

佐伯藩における漁業の発展　冒頭に「佐伯の殿様浦でもつ」というはなしをした。旧佐伯藩領内に魚鱗塔の類が多いのは、やはりこの藩での漁業の発展と、その産業としての重要度が高かったことがあると考えられる。佐伯藩での漁業の状況を少しみてみたい。

まず佐伯藩において、在方（農村）と浦方（漁村）の人口をみてみると、両者にあまり差がない。文化七年（一八一〇）の人口調査のデータでは、浦方が二万一五四六人、在方が二万七七三三人となっていて、ほぼ互角といってよかろう。当然のこととして佐伯藩は、在方同様、いや在方以上に浦方を重視せざるを得なかった。

佐伯藩の初代藩主は毛利高政であるが、入封当初から浦方に対する触書を連発する。有名なのに、「山の木をむやみに伐ってはならない。なぜなら、鰯が寄りつかなくなるからだ」というものがある。近年、漁民が山に木（広葉樹）を植える運動が盛んに行われている。地面に落ちた木の葉が分解され、山の有機物が河川をを経由して海に供給される。そうすると海のプランクトンが増え、魚が増えるのである。また、沿岸の森林には「魚付林《うおつきりん》」というのがあり、魚は山かげに多く集まることも知られている。山の木が減少すると、魚も減ることを佐伯地方の漁民たちは経験的に知っていたのである。

さて、佐伯藩の浦方に対する漁業政策をひと言でいえば、領内の漁業資源を領外の漁民から保護すること、領内漁民の漁業を安定化させ定住をはかることであった。これらの政策は、漁民への規制を強めるのではなく、海藻や魚介類の販売の自由を認めるなど、保護的な政策であった。漁民は農民と違って、魚を追い求めて移動するから、優遇・保護策をとらなければ定住はすすまない。定住がすすまなければ、藩は漁民からの運上（税）を獲得することもできないのである。

漁民の定住を促進するには、漁業活動を奨励するだけでは不充分である。漁業はやはり「水もの」で漁獲量は不安定だからである。そこで藩は、新田開発を奨励した。しかしリアス式海岸の浦々は、後背地が狭いうえ農業用水もそれほど豊富とはいえないから、畑地の開発ということになる。佐伯藩の浦々の山手には、今でもシシガキ（猪垣）という石垣が残っている。これはリアス式海岸に開いた、わずかの畑の作物をイノシシやシカなどの「害獣」から守るために築いた石垣である。それはあたかも「万里の長城のミニチュア版」ともいわれる形状をしている。それほど石垣が延々と築かれているのだが、シシガキはこの地域の漁民たちの、生活安定をめざした涙ぐましい努力の結晶でもある。

佐伯藩領の浦々では、近世を通じて一貫して戸数、人口が増加した。これはひとつには、畑地の面積増による。例えば楠本浦では、慶安四年（一六五一）から明治六年（一八七三）までのあいだに、畑地面積が七倍あまりに増加している。もうひとつは、冒頭にも述べた浦方産業としての漁業の発展があげられる。なかでも干鰯の需要増が、浦々の経済を活性化させた。佐伯産干鰯

⑬津留から臼杵市街地を臨む

は「大和・河内・摂津三か国の土地に合い、至て宜しき干鰯にて右の国々は是非共御領分相調」えたいといわれ、畿内の綿花産地から高い評価を得ていた。こうしたことを背景として、この地域に多くの魚鱗塔が造られたものと思われる。

臼杵市の関連供養塔　佐伯市とならんで魚介（魚貝）類の供養塔が集中しているのが、臼杵市である。ここもすでにクジラの項で登場した地域である。筆者は二〇一四年五月末、臼杵市津留（写真⑬）、大浜、中津浦の三つの浦を訪ねてみた。この日は快晴で、臼杵市側から日豊海岸の海沿いの細い道を北上して、大分市に向かった。

臼杵の中心市街地を出て、臼杵大橋を渡るとまもなく津留の集落である。大分県立津久見高校海洋科学校（旧大分県立海

〈上右〉⑭かに供養地蔵

〈上左〉⑮貝之供養塔と魚之墓

〈下左〉⑯大浜の鯨之墓

洋科学高校）近くの集落である。昔ながらの漁村よろしく、街路は細く不規則である。集落をとりまく外周道路をぐるりと回ると、入り江をはさんで対岸の臼杵の市街地がよく見える遠浅の海にでる。津留集落の東縁に、石造りの地蔵さんや観音さんが二〇体ほどならんでいるところがある。地元ではここを、地蔵公園とよんでいる。公園というが広場はなく、崖を背にして地蔵さんたちがならんでいる。そこには小さな休憩小屋があって、ベンチがいくつかならんでいる。ここからは、遠浅の海と臼杵の市街地がよく見通せる。訪ねたときも、お年寄りがひとりおられたが、ここは老人の憩いの場らしい。

このたくさんならんだ地蔵さんのなかに、「かに供養地蔵」がある（写真⑭）。高さ一三〇センチあまり、昭和五十九年に建てられた。地蔵さんが乗っている石には、かにが浮き彫りにされている。側面には、建立者一〇名ばかりの名が刻まれている。その左隣には、「貝之供養塔」（昭和五十七年、約九〇センチ）と「魚之墓」（昭和五十七年、約七〇センチ）がある（写真⑮）。さらにそこから二〇〜三〇メートル離れたところに、「鯨之墓」（昭和六十三年、約一二〇センチ）がある。どれも昭和の五〇〜六〇年代に建てられた、比較的新しい供養塔や墓である。この公園には、子安観音など大小さまざまな観音さんや地蔵さんがあるが、さしずめこの地区の「祈りの場」といえる場所である。このなかに、サカナやカイ、カニやクジラの供養塔が四基もあるのである。

津留地区から一キロメートルほど北上すると、大浜の集落に入る。その集落の少し手前に、海に突き出すような格好でこんもりした岩と、その上に明治二十七年の鯨墓がある。高さはおよそ目見当で六〇（写真⑯）センチほど。鯨墓の周囲は藪になっていて、石塔の側面や背後の文字等

⑰中津浦の亀之墓

は確認できなかった。ここには朱塗りの鳥居もたっていたが、これもずいぶん朽ちかけていた。

　さらに北上して大浜の集落を抜けると、中津浦集落の南側の入り口付近に蛭子《えびす》神社がある。神社といっても、社殿は木造の高さ五メートルばかりの小さな社である。この神社もやはり、崖を削って造成した高さ一〇メートルほどの場所に祀られている。だから神社の右脇から階段を上って、狭い狭い「境内」に入る。その入り口に「鯨神社」（明治十五年、約一二〇センチ）と刻んだ石塔がある。中津浦はもともとイワシ漁が盛んな漁村だった。そのイワシを追って入り江に入り込んだクジラが、網にかかった。中津浦では、これを売ったところ大きな利益を得た。そこで感謝の気持ちを表すために鯨塚を建てたという。「鯨神社」の隣には、「亀之墓」（昭和四十三年、約六十センチ）がある（写真⑰）。写真のように、亀の形をした台座の上に石塔が建っている。これは、近くにある大分県立少年自然の家近くの海で、死んだ状態でみつかった、ウミガメの一種であるタイマイを埋葬したものだという。

　その次に高さ約二・六メートルの自然石で造られた塔がある。これには「南無妙法蓮華経諸魚供養　村中安全塔」と刻まれている（写真⑱）。この供養塔は文久三年（一八六三）のもので、ここで紹介するものの中ではもっとも古い。「諸魚供養」だから、諸々のサカナを供養したもの。背面にはまた、「世話人喜左衛門　徳治」と刻まれている。さらに奥に行くと、ふたつめの「亀之墓」（昭和六十一年、四十センチ）がある。この亀の墓の由来はよく分からない。

あわせて九基の墓や供養塔をみて、大分市へ向かった。ところが中津浦の次の集落の先で、道がふさがれて通行止めになっていた。引き返していると、またそれらしい石塔が見えたので、車を止めてみてみた。石塔の高さは約一・六メートル。正面に「南無妙法蓮華経　妙見大菩薩　諸魚供養　本綱安全」とある。ここもやはり「諸魚供養」で、魚の供養塔であった。明治十三年に建てられたもので、施主は「東徳次郎」とあった。「本綱安全」とは、何なのか。「本綱」は「本網」の誤りかも知れないが、いずれにしても漁の安全を祈ったのであろう。

⑱中津浦の諸魚供養村中安全塔

結局、臼杵市津留から中津浦の二〜三キロメートルの間に、計一〇基のサカナ、カイ、カニ、クジラ、カメの墓、もしくは供養塔があった。建立年は、幕末が一基、明治期が三基、そのほかは戦後に建てられたものである。さきに大分、山口、愛媛の三県は、魚類関連の供養塔が、高密度で分布するとのべた。その中でもこの地域は、魚類に関する多様な供養塔が高密度で分布する地域といえるであろう。

佐伯と臼杵の違い　佐伯市と臼杵市は、ともに魚類供養塔の「高密度」地帯であった。しかし、両者にははっきりとした傾向の違いがみられることを指摘しておきたい。まず、数の問題からいえば、二二基のうち一六基は、旧佐伯藩領（佐伯市と津久見市）に存在する。数では、佐伯市のほうがより多い。

つぎに建立年であるが、臼杵市のそれは比較的新しく、近年（戦後）建てられたものも多い。したがって、古さという点でも旧佐伯藩領が古い。こうして考えると、魚鱗塔などの魚類関連供養塔は、大分県内では旧佐伯藩領が先行した「本家筋」といえるのではないだろうか。

ほかにも違いがある。もう一度「鯨の墓一覧」（表1）をみていただきたい。クジラの墓に限ってみれば、臼杵市が五基で最も多く、佐伯市は二基である。また供養塔を魚類の種類からみても、旧佐伯藩領はほとんどが「魚鱗塔」なのに対し、臼杵の場合はウミガメ、カニ、カイなどバラエティーに富んでいることが分かる。ただこれは、臼杵市に新しいものが多いことから考えると、新しいものほど供養塔が「多様化」してきているとみることができる。

広がる魚類供養　東京上野の不忍池の弁財天境内には、「魚塚」、「ふぐ供養碑」、「スッポン感謝之碑」、「包丁塚」、など魚介類の卸業者や魚料理関係者によって建てられた魚類関係の供養塔がある。これらはいずれも、高度経済成長以降に建てられたものである。もともと個人や網元、商人などによって建てられていた魚類関連の供養塔は、戦後になると関連の業者によって建てられることが多くなった。

東京の築地市場近くの波除《なみよけ》稲荷神社には、築地市場関係の同業組合が建てた魚類関係の供養塔が多い。さらにこの神社では、紀文魚霊祭、マルキ・マルナガイ魚霊祭が行われているという。そのほかにも、マルハニチロが北海道函館市の称名寺で、従業員物故者と魚介類供養のための施餓鬼法要を、ニッスイも報鱗供養を毎年行っているという。このように、ニッスイやマルハニチロのような、大手の水産加工会社も魚類供養を行っているのである。

さらに福井県には、「ヘラブナ供養碑」があるという。これは、昭和五十一年（一九七六）に建てられたものであるが、建立したのは「へら鮒釣研究会福井支部」という、釣り人たちの団体なのである。つまり、釣りという趣味＝レジャー関連の供養塔も建てられているのである。

こうして今日、魚類関連の供養塔は、その建立主体は、同業組合から水産加工会社、そして趣味仲間にまで、大きな広がりを見せている。

第二章

山の生類供養

イノシシ——白鹿《シシ》権現

白鹿権現　大分県臼杵市、臼杵川の上流、旧大野郡野津町西神野《にしこうの》に熊野神社がある。山に深く分け入ったところにあるため、普段は参拝者も少ない。筆者も以前、ここを訪ねてみたがなかなかその所在がわからず、近くの民家に入って場所を尋ねたくらいである。場所を教えてくれた年配の女性は、「私も奥の院には行ったことがないんよ。女はいっちゃいけんから」という。熊野神社はともかく、奥の院は、いわゆる「女人禁制」なのである。

さて、「奥の院」と呼ばれる洞穴は、この神社の社殿後方の崖の中ほどにある（写真⑲）。社殿からこの洞穴までの行程も険しい。高さ三〇メートルほどの岩の崖を鎖一本をたよりに登らねばならないのである。「命がけ」とはオーバーかも知れないが、半端な気持ちで登るのは、危険である。崖を登り切ると眼前に、鍾乳洞とまではいえないが、石灰岩質の洞穴がある。この洞穴を「奥の院」とよぶ。この奥の院はまた、通称「シシ権現（白鹿権現）」とも呼ばれている。

洞穴の中に入ると、奥へとつづく通路の両脇には、シカやイノシシの下顎の骨や頭蓋骨がうずたかく積まれている（写真⑳）。その先に注連縄《しめなわ》が張られ、小さな祠《ほこら》に権現様（熊野権現）が祀られている。この夥しい下顎の骨や頭骨は、猟師がその年初めてしとめた獲物を神に捧げる習俗によるものである。獲物の象徴としての下顎を、シシ権現に捧げるのだ。現在でも狩猟解禁日がす

〈上〉⑲奥の院へは鳥居奥の崖を登る
〈下〉⑳洞穴内に積まれた下顎の骨

ぎると間もなく、生々しく血に染まったイノシシやシカの下顎の骨が奉納されるという。猟師たちは九州一円から、さらには四国などからもここを訪ねてくるという。それほどシシ権現は、猟師たちの崇敬を集めているのである。ちなみに「シシ」いう語は、かなで書いて用いる場合、シカとイノシシの区別がないことが多い。また「シシ」の漢字は、「肉」または「宍」を用いる。総じて「シシ」とは「旨い肉」の意で、猪は「イノシシ」で鹿は「カノシシ」ともいう。

貞和四年の経筒　奥の院の洞穴の入口周辺と中には、数基の宝塔がある。そのうちのひとつの宝塔の塔身から、「貞和四年」(一三四八年)の紀年銘のある「経筒」が見つかっている。経筒とは、文字通り経文を納める筒型の容器である。陶器や石材で作られたもの、金銅や鉄など金属製のものもある。これを土中に埋納すればそこは経塚となるが、このシシ権現のように宝塔内に収めることもある。

一三四八年といえば南北朝期にあたる。この時期は戦乱が続き、世の中が混沌としていた。もともと経塚は、末法思想の影響を受けて造られるようになったというから、この経筒もまた乱世がおわり、平穏な世が訪れるようにと祈って収められたものであろう。この経筒にはまた、「三重郷内田村玄栄」と、その奉納者の名も刻まれている。三重郷の内田村は、現在の豊後大野市三重町に属する。豊後大野市と臼杵市は隣接しているから、交通機関が発達した現在のわれわれの感覚からは、両地点がそんなに遠いとは思わない。しかしその当時としては、村や郷の範囲を越えているのだから、シシ権現はかなり広い信仰圏をもっていたと見てよい。

熊野権現(熊野神社)の社伝　熊野権現が、猟師の信仰を集めるようになったことについて、社伝は次のように伝えている。平安時代の末ころ、大野郡宇目《うめ》郷（現佐伯市）に住む猟師の兄弟がいた。ある日のこと、この兄弟は、豊後国と日向国の国境の山中で、みごとな白いシカを見つけ、この神野の山中にまで追ってきた。しかし西神野付近でこのシカを見失ってしまう。なおもシカを探していると、ある岩場に光がみえる。近づいてみたところ神が現れ、「われは国土を守護する熊野の神である。篤く信仰すべし」といった。白いシカは、熊野権現の化身だったのである。そこで兄弟が、この神を祀った場所が、現在の熊野権現だという。社伝では、これを久安二年（一一四六）のことだという。これは、あくまで伝承である。しかし、さきの経筒の紀年銘などと考え会わせると、鎌倉期頃にはこの洞穴が、近隣の住人をふくめ猟師の崇敬を集めていたとみて良いのではないだろうか。ちなみに、シシ権現は、漢字では「白鹿権現」と書く。

熊野信仰と猟師

右の社伝と、和歌山県の熊野本宮の成立に関する「熊野権現垂迹縁起《すいじゃくえんぎ》」のストーリーとは、ほぼ同じ構造である。神の降臨を伝える「垂迹縁起」の話は、大筋で次の如くである。熊野の神は壬午《みずのえうま》の年、本宮大湯原《おおゆのはら》（大斎原）にある一位《いちい》木の三本の梢に、三枚の月形の姿で降臨された。それから八年たって、庚寅《かのえとら》の年、石多河《いしだがわ》（石田川）の南で、河内の住人で熊野部千代定という猟師が大きなイノシシを射た。猟師は手負いで逃げるイノシシのあとを追って、石多河をさかのぼった。すると、八年前に神が降臨したという大湯原にたどりついた。猟師があとを追っていたイノシシは、大湯原の一位木の根本で死に伏していた。猟師はイノシシを解体し肉を食べ、一位木の下で一夜を過ごした。しばらくして猟師が空に目をやると、一位木の梢に月がみえた。猟師は、「どうして月は、虚空を離れて木の梢にいらっしゃるのか」と月に問うた。すると月は、「我は熊野三所権現である」と答えた。猟師と熊野権現の出会いである。

臼杵市野津の熊野権現の社伝も、和歌山県の熊野本宮の「垂迹縁起《すいじゃくえんぎ》」も、猟師がシカまたはイノシシを追って深山に迷い込み、そこで熊野の神（熊野権現）に出会うという話である。いい方を変えれば、「みごとなシカ」や「大きなイノシシ」が、猟師たちを熊野権現のもとへ導いたともいえる。おそらく臼杵市の熊野権現の社伝の方は、熊野権現を神野の地に勧請《かんじょう》した際に、「垂迹縁起」をもとに後代になって作られたものであろう。

重要なことは、熊野権現とはじめて出あった人間は、猟師だったということである。このことは、本来の熊野信仰が、狩猟という生業と深く結びついていたことを示している。紀伊国熊野地方は山深く、農耕に適した平地に乏しい。紀の国では、狩猟や川漁、採集、それに林業や木工など山の恵みに依存した暮らしが長く続いた。なかでも狩猟は「水もの」で、獲物が獲れる日もあれば獲れない日もある。決して効率のよい生業ではない。猟師たちは、「獲物と出会うのは神の思し召しである」と考えた。また猟師たちは、深い森は神の領域だと考えた。従って、森も獲物の動物も神の支配のうちにあると考えた。猟師が手にした獲物は森の恵みであり、神があたえてくれた「賜もの」なのである。だから獲物が獲れたら、その身体の一部を神に捧げて感謝する。こうして猟師たちは、熊野権現の主たる「信者」となった。そして猟師たちのネットワークが、熊野信仰を全国に広げる役割を果たしたのだろう。

シシ権現がある臼杵市の神野の森も、南方の九州山地へと連なっている。九州山地も山深い。筆者は神野を訪ねたとき、その山深かさに神秘性すら感じた。そして九州山地も熊野と同様、古くから猟師たちが渉猟《しょうりょう》する森だったのだ。熊野信仰がこの地に伝わったのも、こうした共通した事情によるものだろう。

西南日本型狩猟　クマを主な狩猟対象とする東日本型の狩猟と違って、九州ではおもにイノシシ中心の西南日本型狩猟が行われてきた。『大分の民俗』には、大分県津久見市八戸でのイノシシ猟が紹介されている。猟師はまず、犬を連れてイノシシを追い出す勢子《せこ》と鉄砲撃ちにわかれる。イノシシはウジというイノシシの通り道、ニタというイノシシの泥浴びの水辺、カルモという寝床などにいる。鉄砲撃ちはウジに沿って、イノシシを待ち伏せする。勢子はイノシシの所在を確認して、そこへ犬を放つ。犬に追いたてられてウジにあらわれたイノシシを、鉄砲撃ちが仕留める。

　仕留めたイノシシは、背負ったり棒につるしたりして持ち帰る。そして山の神の前で、ヤマカラチという小刀で解体する。この時、マルとよばれる心臓を十字に切り開いて、山の神に捧げる。肉や骨は、鉄砲撃ちと勢子と犬に、慣例に従って分配される。イノシシを仕留めた者には、頭と背骨付近の肉が与えられた。イノシシを担いで帰った者は、シカタというあばら骨付近の肉が取り分となる。解体後、仕留めた猟師を中心に鍋を囲み、酒を飲みながら皆で肉を食べた。そして最後に、イノシシの下顎を山の神の社殿に供えた。

なぜ下顎なのか　ところで、シシ権現にはシカやイノシシの下顎が、うずたかく供えられていることはすでにのべた。右の津久見の事例でも、最後に山の神に下顎が供えられた。では、いったいなぜ下顎なのか。

イノシシやシカの猟は、すでに縄文時代にはじまっている。しかし下顎に穴をあけて掛けたり、埋納したりする習俗は、弥生時代にはじまるという。佐賀県の菜畑《なばたけ》、岡山県の南方《みなみがた》、奈良県の唐子《からこ》・鍵《かぎ》など、西日本の弥生時代の遺跡から、イノシシの下顎骨《かがくこつ》に穴をあけ、そこに棒を通して連ねたり、下顎骨の穴に紐を通し、家屋の柱や壁または祭壇に掛けた思われる習俗の発掘事例が明らかになった。農耕儀礼に深く関わるとされる銅鐸にも、シカやイノシシが描かれている。こうしたことから、下顎骨を捧げる習俗は、大陸から稲作技術とともに日本に伝わったと考えられている。

現在でも宮崎県椎葉《しいば》村の猟師の家には、屋内の鴨居《かもい》にイノシシの下顎骨がずらりと掛けられているという。そして椎葉村では下顎骨を「カマゲタ」とよんでいる。さらに下顎骨を埋納したり掛けたりする習俗は、南西諸島にもみられる。国分直一の「南島古代文化の系譜」では、西表島《いりおもてじま》大原の民家の台所にイノシシの下顎が掛けられている写真が紹介されている。そしてその写真には、「厨房に飾られたイノシシの下顎。正月に竜宮の神に送り返される」という国分の説明文が付けられている。ただ、「竜宮の神に返される」ということが如何なる意味なのか、具体的には分からない。

猟師が獲物の身体の一部を神に捧げるとき、それは必ず下顎骨であるとは限らない場合もある。九州の猟師たちが、獲物の舌や内臓の一部を神に捧げる映像シーンを幾度かみたことがある。しかし、下顎骨を儀式に使う習俗が、弥生時代以来の伝統であることは間違いない。このような獲物の一部を神に捧げる行為は、「供養」というよりも「供犠《くぎ》」（神に生け贄を捧げる儀式）といった方が良い（供犠については、第五章を参照のこと）。獲物を捧げる事で猟師は神と交感が可能となる。そして次なる獲物が、神によって約束されるのである。

ともあれ、下顎は上顎と違い頭骨と容易に分離できる。また頭骨ほど嵩張らない。下顎を獲っておけば、仕留めた固体の数と下顎骨の大きさから固体の大きさも分かる。ちょうど釣り人が、大物を釣り上げたときに記念として魚拓をつくるのにも似ている。おそらく下顎骨も「こんなに大きなものを獲った」「こんなにたくさん獲った」ことを誇示する意味合いもあったものと思われる。

下顎には魂がやどる　下顎骨が残された動物は、日本ではイノシシが圧倒的に多い。それは縄文時代以来、食糧としてのイノシシの重要性と、多産で生命力が強いことで特別視されたからだといわれる。縄文時代遺跡から出土するイノシシをかたどった土製品は多い。しかし、下顎骨が残された動物は、イノシシやシカ以外にもある。少数ではあるが、ニホンオオカミの下顎骨も残されている。しかも岩手県貝鳥遺跡から出土したニホンオオカミの下顎骨には、きれいな丸い穴がふたつ穿たれている。これはペンダントとして使用したか、やはりどこかに掛けて儀式で使用したものであろう。やはり下顎は、特別なのである。

下顎を掛けてあがめる習俗は、中国でもみられる。例えば、中国海南島《ハイナン》のリー族である。海南島は中国の南部、南シナ海にある九州ほどの大きさの島。海のむこうは、ベトナムという位置にある。海南島は、経済特区のひとつで、島全体が特区となっている。したがって、近年は海外企業などの進出も多い。この島には、リー族など狩猟を生業とする人びとがいる。主にイノシシを獲る猟師の家の壁には、たくさんの下顎が並べるように吊って掛けてある。

　なぜイノシシの下顎骨を掛けるのかと彼らに問うと、決まって「下あごの骨には、イノシシのスピリット（魂）が宿っている」という答が返って来るという。下顎に宿るスピリットが、死んでも山にいる友だちのイノシシを呼ぶからだという。だから、次に山に猟に出かけたときに、下顎のスピリットの力で、またイノシシが獲れるのだという。しかしよそ者を、容易に家に招き入れて下顎を見せることはないという。それは、よそ者にみせると、次からイノシシが獲れなくなるからだという。

　ちなみに日本の考古学界では、イノシシ類下顎骨を用いた儀礼の目的については、狩猟儀礼説、避邪（魔除け）儀礼説、農耕儀礼説の三つの見解があるという。このうち、避邪儀礼説の根拠になっているのが、沖縄地方で現在でも避邪（魔除け）のために豚の下顎骨を軒先につるす習俗である。これにならえば、大分県のシシ権現や宮崎県の椎葉村の例は、狩猟儀礼説を補強する習俗といえるであろう。

　ともあれ、猟師たちがイノシシの下顎骨を掛けて「飾る」「あがめる」「供える」習俗は、中国海南島から西表島《いりおもてじま》（沖縄県）、宮崎県（九州）からさらに本州・四国へと連なるようである。つまり、猟師がイノシシの下顎骨を掛ける習俗は、広く東アジアに見られるものといえるだろう。ただ、下顎骨に宿るスピリットが友（次なる獲物）を呼びよせるという中国海南島の場合と、九州で下顎骨を山の神（または熊野権現）に供える行為のあいだにはには、意識のうえでの隔たりがあるように思われる。またこの習俗が、さらに海南島より南の地域、つまり東南アジアや南アジアにまで広がるのか。また朝鮮半島でも見られるのか。これは、今後検討を要する課題である。

猪鹿狼寺の伝承　ところで、九州各地には、「猪」や「鹿」など動物にちなむ地名が多いといわれる。その中で、大分県竹田市久住町に猪鹿狼寺《いからじ》という天台宗の寺がある。創建当時は、今の場所ではなく、久住山の南方山麓にあったという。また寺名もはじめは猪鹿狼寺ではなく、大和山慈尊院といった。

猪鹿狼寺の寺伝によれば、寺の創建は鎌倉時代にさかのぼる。源頼朝が、久しく絶えていた富士山麓での牧狩を再興しようとしたとき、その方法を阿蘇の下野狩（下野の牧狩）にならうことにした。そこで頼朝は、新田某、梶原某のふたりの武士を阿蘇神社に派遣した。阿蘇で牧狩の方法を習得したふたりは、鎌倉への帰途、久住の南山麓で実際に牧狩を試してみた。するとたくさんの獲物を獲ることができた。牧狩は大成功だったが、同時に多くの動物を「殺生」してしまった。そこでふたりは、動物たちの霊を慰めるため、慈尊院を壮麗に改築し、寺号も猪鹿狼寺と改めたという。猪鹿狼寺は、ヒトの動物の霊に対する畏怖の念が、寺院という形で具現化した早い例といえるだろう。

猪鹿狼寺はもともと、久住山頂にあった「上ノ宮」の神宮寺であった。またその本尊は十一面観音で、「久住山水源観音」と呼ばれていたという。水源付近に十一面観音を安置して水を守ろうとする信仰は、全国各地にある。十一面観音は、水にかかわりのふかい仏である。久住山南麓は、大野川の水源にあたる。大野川はこの久住を源に東流し、竹田市、豊後大野市をへて大分平野東部で別府湾に注ぐ、この地域では比較的水量の豊富な河川である。流域の稲作地帯では、水に乏しい河岸段丘《かがんだんきゅう》も多く、大野川はこの地域にとって重要な水源である。こうしたことから猪鹿狼寺は、山岳信仰と水源信仰、それに動物信仰が習合したものといえるであろう。

阿蘇下野狩　ところで、頼朝がならったという阿蘇下野狩とは、いったいどういう狩猟だったのだろうか。この牧狩は古来、阿蘇神社の神事として行われていた。現在は絶えて久しいのだが、下野狩神事が最後に行われたのは、天正七年（一五七九）である。戦国期の戦乱による混乱で廃絶され、それ以降は行われていない。阿蘇神社には、下野狩を詳細に描いた三幅の掛け軸（「下野狩図」）が残されている。この絵は、一七世紀後半に作成されたとみられ、下野の牧狩の様子を彷彿《ほうふつ》とさせる。

　狩の舞台となった下野とは、西野または西野原などとも呼ばれ、阿蘇五岳の西方山麓に広がる広大な原野である。現在の行政区画でいえば、阿蘇市と南阿蘇村にまたがる。南阿蘇村には「下野」という字名が今も残ってる。ほかにも下野狩にまつわる地名が、阿蘇各地に残っている。

　下野狩は、春の初め旧暦二月の卯日に、阿蘇神社の北にある阿蘇北宮（現在の国造《こくぞう》神社、阿蘇市一の宮町手野）の鯰（国造神社には、大鯰を祀る「鯰社」がある）に捧げる贄《にえ》のシカやイノシシを狩るために行われる。まず周辺の山野で野焼きが行われ、火と勢子に追われた獲物を狩人が所定の場所に集める。次にその獲物を馬場に追い出し、馬に乗った神官武者が弓矢で射とめた。シカやイノシシ、タヌキ、キツネ、ウサギなど多くの獣が狩られ、このうちシカのモモ肉を北宮の木の前につるして神に捧げたという。これが阿蘇の一年の祭礼のはじまりであったため、神事を司る阿蘇家としては怠ることができない祭礼であった。

下野狩は、「方便の殺生」といわれる。下野狩では、弓によって邪気を払うだけではなく、このとき殺されたシカ（獲物）は往生して阿蘇の神官に生まれかわるのだという。そして、シカ（獲物）の往生をみた見物人もまた、往生を体験できたといわれている。だから下野狩には、大勢の見物人がやってきた。生きものを狩りで殺す行為は、殺生ではなく殺された獲物こそが往生できるのだとする論理（「方便の殺生」）は、このあとクマの項で取りあげる「諏訪《すわ》の勘文《かんもん》」と基本的に同じものである。

「草原の狩猟」　阿蘇下野狩は草原で行う、大集団での狩猟である。まず風向きをみながら、広大な野に火を放って、動物を一定方向へ追いたてる。阿蘇の野焼をご存じであれば、その様子がイメージしやすいであろう。さらにその後、大勢の勢子が動物を所定の場所へと追つめて行く。最後にそれを待ち受けていた、大宮司以下の武者たちが、弓矢で獲物を射とめる。狩りに加わる者たちの数と広大な狩場を考えると、実にダイナミックな狩猟だといえる。

これまで狩猟といえば、東北地方のマタギに代表される、単独ないしは小集団による「山の狩猟」がおもに語られてきた。民俗学などの研究対象も、この「山の狩猟」に向けられるのが一般的であった。しかし、阿蘇下野狩のような草原における大集団での狩猟は、阿蘇以外でも行われていた。歴史的には、長野県諏訪地方や富士山麓などでも大々的に行われてきたことが知られている。

阿蘇下野狩のような、火を使う形態の狩猟を焼猟ともいう。一年に一度、火を草原に入れて行う焼猟は、ヒトと野生動物（シカやイノシシなど）が共棲するうえで個体数調整の機能もあったと考えられる。「草原の狩猟」は、野焼きなど草原維持のシステムともあいまって、研究者の注目を集めるようになっている。

狩猟と穢れ　最後に、阿蘇下野狩にもかかわる問題として、狩猟と穢《けが》れについてみてみたい。古代には、かなり広範に狩猟と肉食が行われていた。神社での神饌《しんせん》、すなわち神に捧げる食べものにも、シカやイノシシの干し肉がみられた（『延喜式』）。中世にいたっても、社会の下層にいる人びとは、農業以外の狩猟・漁撈《ぎょろう》に頼る比重がたかかった。広島県の草戸千軒《くさどせんげん》遺跡（福山市）から、食べられたあと捨てられた、大量の獣骨が出土したことはよく知られている。

いっぽう、律令国家の成立以降、貴族社会においては死穢《しえ》・産穢《さんえ》・食肉穢《しょくにくえ》の三つを忌避するようになる。そして、天皇や公家による狩猟が、九世紀ごろから衰退してくる。同時期の仏教説話においても、殺生禁断・肉食禁止の仏教説話が多く含まれている。これはやはり、仏教の殺生戒や神道における食肉穢が、社会の上層から浸透しはじめたあらわれである。そして十一世紀頃になると、触穢《しょくえ》観念は貴族社会のなかで急速に肥大化する。天皇や公家の触穢観念が肥大化し狩猟が衰退するいっぽう、狩猟はその従者であった武家の手に移る。すでに紹介した、頼朝による富士の裾野の牧狩が好例であろう。建久四年（一一九三）の牧狩では、見事シカを仕留めた息子頼家に頼朝が将軍職を継がせる決意をしたという。

ところが建仁三年（一二〇三）に、北条政子の主導によって、諸国の地頭に狩猟禁止令が出される。社会の大勢は狩猟の禁忌《きんき》（タブー）の方向へ進んでおり、幕府は次第に軍事以外のシステムや権威による支配を志向する。南北朝の内乱を経るころになると、いっそう肉食への穢れ意識と狩猟（殺生・皮はぎ・肉食）禁忌の観念が強まる。主要な神社の物忌令《ぶっきりょう》では、肉食したものは一〇〇日間神社に来てはならないなどの規定が設けられる。

阿蘇下野狩は、戦国時代の混乱と阿蘇家自身が一時断絶したため途絶えたのであるが、近世に入って他の農耕神事は復活した。しかし、狩猟神事である下野狩は、ついに復活しなかった。中世後期には農業生産力が向上し、食料確保としての狩猟の社会的意義が著しく低下していくことがこのような神事にも反映している。そして近世以降、狩猟や漁労を生業とする者たちへの賤視《せんし》の固定化は、このような歴史の延長上にあったといえるのである。

クマ——熊乃権元《くまのごんげん》

九州のクマは絶滅？　九州でツキノワグマが最後に捕獲されたのは、昭和六十二年（一九八七）である。このツキノワグマは、大分県大野郡緒方町（現豊後大野市）で捕獲された。しかしこの個体の遺伝子を調べたところ、福井県から岐阜県にいるクマの遺伝子を持っていたことが判明した。そこでこのツキノワグマは、九州在来のクマではなく、何らかの理由で本州から九州へやってきたものと考えられている。ということは、それ以前にクマは絶滅したのか？　それ以前の九州でのツキノワグマの捕獲記録は、昭和十六年（一九四一）までさかのぼるという。

ところが平成二十三年（二〇一一）、祖母《そぼ》山付近でクマの目撃情報が相次いで寄せられ、話題になった。「まだクマが九州にいるかも知れない」という「期待」からか、目撃のニュースは大きく報道された。さらに平成二十五年にも、豊後大野市緒方町の祖母・傾山系で地元民がクマらしき動物を見かけ、翌日その足跡をみつけ写真に収めた。これからも、「クマ目撃」のニュースは続くのであろう。「九州にも、まだクマは生きている」ことへの市民の期待が続く限り、「クマ絶滅」の事実はなかなか受け入れられないのである。

昭和六十三年（一九八八）にもツキノワグマの大々的な調査が行われている。その報告書の「まとめ」の要旨は、次のようなものである。もともと江戸時代においても、クマの個体数はイノシシやシカより少なかった。また九州では、本州東部のようにクマ猟の必要性も実績も少なかった。しかし個体数が少ない故に、イノシシやシカよりもさらに個体数が減少した。それは繁殖力の旺盛なイノシシやシカに比べ、クマのほうが繁殖力が弱いためである。江戸時代後期の史料にも、クマやオオカミをほとんど見ない、という史料もあるように、江戸時代後期にはかなり個体数が減少していた。そして昭和初期には、すでにクマの生息域が限られ、危機的な状況に陥っていた。もう、かなり早くから九州のクマは、「危機的な状況」だったのである。

イオマンテ（熊祭） ところで、さきにクジラの項で「クジラは特別な動物だった」と述べた。いっぽう、クマもまた人間にとって特別な野生動物だった。クジラが海獣の王なら、クマは日本人にとって陸の「獣王」であった。そのため、「クマ生息」への期待が続くいっぽう、全国にのこるクマにまつわる伝承や習俗は実に多い。

クマが特別だった例のひとつとして、アイヌ民族のイオマンテをあげることができるだろう。そしてイオマンテ（「熊祭」または「熊送り」ともいう）は、もっともよく知られた、クマにまつわる儀礼といえる。

アイヌの人びとは、冬眠中のヒグマの子を捕獲して村に連れて帰る。そして、一〜二年の間、お客様としてもてなし、ヒトの子どもと同じように、ときには一緒に大切に育てる。大きく成長したヒグマは、イオマンテの夜に殺される。いや、神の国に返される。

村びとはイナウ（御幣《ごへい》に似た祭具、木を削って作る）を削り、酒を醸し、祭の場を準備する。祭がはじまると、ふたりの男が綱をつけたクマを大勢が見守る中へ引き出す。子どもたちはヨモギで作った「花矢」をクマに射かける。木の上からは、クルミ、餅、干し魚などが投げられる。集まった人びとが、それを競って拾う。最後に、トリカブトを塗った毒矢がクマに向けて放たれ、クマの命は終わる。クマは酒や果物、米などの供物が並べられた祭壇へ安置され、そこで長々とユーカラ（アイヌの神話、叙事詩）が朗じられる。これが終わると、大勢が見守るなか、クマ（神）の魂は神の国に旅立って行く。

そしてクマはその場で解体され、クマの肉は祭に集まった人びとに振る舞われる。ヒトの子ども同然に、しかも愛情を持って育てたクマを殺してしまうのには、何か違和感を感じる。しかしイオマンテは、「ヒグマの姿で人間の世界にやってきた神様（カムイ）を一〜二年間大切におもてなしし、そして祭の夜に宴を行って、ふたたび神の世界へお帰り頂く」という祭なのである。

イオマンテについて、これと少々違った解釈もある。それは、何らかの事情で母グマだけ殺して子グマが残ってしまった場合、残された子グマをその場で殺すことができず、コタンに連れ帰り親身に育てる。しかしその子グマが、これ以上大きくなったら危険だという頃にイオマンテを行い子グマを母グマのもとに送り返す、というものである。いずれにしろイオマンテは、クマの「供養」の儀式というより「供犠」というべきであろう。なお北海道庁は、昭和三十年（一九五五）三月、イオマンテは野蛮な風俗だという理由、また教育的にも良くないからとして、禁止する旨の通達を出した。こうしてアイヌ民族の古来の、アイヌの心を色濃く残した最も重要な儀式は、消滅することになった。

和獣の王　天保八年（一八三七）に江戸で出版された鈴木牧之《ぼくし》の『北越雪譜《ほくえつせっぷ》』にも、クマに関する記述がある。鈴木は越後国魚沼の縮仲買商で質屋も営んだ商人。『北越雪譜』は、魚沼地方の雪国の生活を活写し、江戸で大ベストセラーとなった。

同書の中で鈴木は、クマについて次のように述べている。「そもそも熊は和獣の王、猛くして義を知る。菓木の皮虫のるゐを食として同類の獣を喰ず、田圃を荒ず、稀に荒すは食の尽たる時也。詩経には男子の祥とし、或は六雄将軍の名を得たるも義獣なればなるべし」と。クマが義を知る所以は、木の実や虫を食べて同類の獣を喰わないこと、田畑を荒らしたりしないこと、ということだろう。また鈴木は、雪山で遭難した百姓が、クマの穴にしばらく入れてもらい助かった話も紹介している。こちらは伝聞で、事実かどうかわからないが、面白い話である。

確かにクマは、秋にクリやドングリなどの堅果類《けんか》（シイ・カシ類）を大量に食べて、冬眠にはいる。堅果類が安定的に得られる広葉樹林があれば、クマは森の中だけで生活する。鈴木の記述からすると、江戸時代、クマは山中に生きていて、里山に現れて田畑を荒らしたりヒトに危害を加えたりすることは稀だったようだ。要するにヒトとクマは、棲み分けていたのである。

熊の胆　クマが特別だった理由にもうひとつある。それは熊《くま》の胆《い》（クマの胆囊《たんのう》と胆汁）が、高価な生薬だったからである。胆囊を乾燥させると、細長い氷囊のような形をしている。熊の胆から生成される漢方薬には、「熊胆丸《ゆうたんがん》」とか「熊胆圓《ゆうたんえん》」などがあり、富山の配置薬にはかならず入っていた。小児の薬として珍重され、発熱などに速効性があるとされた。また他の生薬とあわせて、消化不良にも用いられ、健胃、駆虫作用もあるとされる。また喉や口腔、鼻腔の炎症などにも効能があるとされた。要するに、子どもの万能薬といってもよい（もちろん、子どもに限定された薬ではない）。筆者も子どものころ、服用した覚えがある。扁平の黒い粒、いや粒というより小さなかたまりといった方がよいかも知れない。それは、とにかく苦かったことを覚えている。

　熊の胆については、さきに紹介した『北越雪譜』にも出てくる。「我国にては、○飴胆○琥珀胆○黒胆と唱へ色をもつてこれをいふ。琥珀を上品とし、黒胆を下品とす。偽物は黒胆に多し」と。熊の胆は、その色で品質が異なる。琥珀色の熊の胆が最も良く、黒胆が劣る。そしてその黒胆に偽物が多いという。さらに冬場に捕った熊の胆が、最も良質だともいっている。同書ではまた、「一熊を得ればその皮と胆と大小にもしたがえども、大かたは金五両以上にいたるゆゑに猟師の欲るなり」ともある。一頭の熊が捕れれば、その皮と胆で五両以上の金になるという。五両は、現在のお金に換算してどれくらいの金額なのか。米価を基準とした江戸時代の貨幣の価値は、金一両＝五万五〇〇〇円、銀一匁＝六六〇円、銭一文＝九円くらいといわれるから、単純に計算すれば三〇万円近くの収入となる。『北越雪譜』が書かれたのは天保期だから、貨幣価値が下がっていることを考慮しても、かなりの高額といえる。『北越雪譜』には、孝行者の百姓が得た熊の胆に一〇両の値が付いたという話も出てくる。

椎葉山《しいば》のクマ猟　九州山地の奥深くにある椎葉山でも、クマ猟が行われていた。そしてここでも、熊の胆が取られていた。椎葉では熊の胆が取れるとまず、肥後国人吉役所に届け出、シカ皮は商人に売りさばき、肉は村中で食したという。

豊前国高田村（大分県豊後高田市）生まれの本草学者賀来飛霞《かくひか》は、薬草を求めて全国を旅したが、天保年間に日向国延岡《のべおか》・日之影《ひのかげ》・高千穂《たかちほ》付近を廻っている。延岡藩に依頼されての薬草探しの旅だった。その時の記録『高千穂採薬記』は、この地域の生活ぶりも記録しており、民俗学的にも高く評価されている。

この書の中に、熊の胆の話が出てくる。ただしこれは、飛霞自身が目撃したものではなく、古老からの聞書である。「又、高千穂ニ遊シニ、偶々猟夫熊ト野猪トヲ得タリ、之ヲ解クヲ観シニ、胆ヲ出シタルマ、ニテ収メス、（中略）彼、猪ヲ解キ胆ヲ出シ、徐々ニ引テ延長ナラシメ、熊胆汁ヲ出シ、熊胆ノ中ニ瀉《そそ》キ、其不足ヲ補フニ猪血ヲ口ニ含ミ、胆中ニ吹入レ、立トコロニ一熊ヲ以テ二胆ヲ偽造ス」と。クマとイノシシとを射止めた猟師は、イノシシの胆を引き延ばしてこれにクマの胆汁を入れ、熊の胆にはイノシシの血を入れて補充した。これでたちどころに「ふたつの熊の胆」を偽造したというのだ。江戸時代、全国的にも熊の胆の偽造が問題になっていた。しかし裏を返せば、それほど熊の胆は珍重され、需要が大きかったことの証しといえるであろう。

ただクマの場合、熊の胆だけでなく、あらゆる部位が薬用とされた。これは秋田県の「阿仁《あに》マタギ（猟師）」の例であるが、クマの肉はもちろん、頭蓋骨・脳・脳髄・舌・手足の骨・性器・脂・血液、果ては大腸内に詰まっていた糞までもが薬として利用されていたという。クマの腸内に残った糞に、果たして薬としての効能があるのか、疑わしくはある。しかしそれほどクマが他の動物と異なり、さまざまな効能のある、いわば「霊獣」と考えられていたといえるであろう。

熊乃権元　前置きがずいぶん長くなったが、本題にはいりたい。大分県豊後大野市上畑《うわはた》にクマの供養塔がある（写真㉑）。供養塔といっても、その形状は墓石といった方がよい。正面には「熊乃権元」とある。大正四年（一九一五）三月、上畑の長門安五郎という猟師が、傾山《かたむきやま》のセンゲン谷というところでクマを仕留めた。センゲン谷は傾山系の渓流で、ここでクマが仕留められたり目撃されたりした記録が数多くある。センゲン谷は、クマが水や水棲の動物を求めてよく降りてくる場所だったのだろう。そしてそれからちょうど十年後の大正十四年（一九二五）になって、自らが仕留めたクマの供養のためにこの石塔を建てたという。供養塔に刻まれた「熊乃権元」は、むろん「熊野権現」であろう。臼杵市の「シシ権現」でみたように、ここでもまた猟

㉑豊後大野市緒方町の熊乃権元

㉒障子岳からの眺望（元木一成氏撮影）

㉓障子岳山頂の熊ノ社（元木一成氏撮影）

師と熊野信仰の結びつきが想い起される。また、熊野の「熊」と獲物の「クマ」をかけたものでもあろう。

祖母・傾山系は豊かな自然に恵まれ、野生動物も多い。竹田市や豊後大野市、それに連なる佐伯市の山間地は、古くから狩猟がさかんであった。猟師はおもにイノシシやシカなどを狩猟の対象としていて、クマを捕ることはほとんどなかったという。従ってクマは、偶然に出くわしたとき、仕留められることが多かった。しかしこの猟師は、なぜ一〇年もたったあとにクマの供養塔を建てたのか。

祖母・傾山系に障子岳《しょうじだけ》がある（写真㉒）。一七〇九メートルのこの山は、ちょうど大分県と宮崎県境にもなっている。この山の頂上には、「熊ノ社」という石塔が立っている（写真㉓）。この山は登山者も多いが、けっこう険しい山だ。この「熊ノ社」は、明治十四年にこの山頂付近でクマが捕獲されたときに建てられたという。

「熊乃権元」にせよ、「熊ノ社」にせよ、このようなクマの供養塔、一般には「熊塚」とか「熊墓」といったりするが、このようなものが見られるのは九州特有だといわれる。しかも宮崎県から、大分県境にかけて多数存在する。確かに、熊塚や熊墓は九州に多い（表3）。

徳島県祖谷《いや》地方の熊墓　ところが以前何かで、四国の「熊墓」の記事をみた記憶があった。そこで、徳島県立博物館の中尾賢一氏（地質学）にご教示を願ったところ、徳島県の祖谷地方に熊墓があることがわかった。

かずら橋で有名な四国山地の祖谷地方も、九州山地同様、山深い所である。筆者もかつて大歩《おおぼ》

【表3】九州の熊の供養塔・熊の墓の所在地一覧

	場所	経緯	状況
1	緒方町九折越六合目	明治二十五（一八九二）年笠松山（宮崎県側）で射殺。	「祠をたててまつる」とあるが未確認。
2	緒方九折越	明治三十（一八九七）年頃傾山センゲン谷で射殺。	「河野社にまつる」とあるが未確認。
3	緒方町上畑中村	大正四（一九一五）年傾山センゲン谷で射殺。	「熊乃権元」と刻まれる。
4	緒方町田下	大正十三（一九二四）年頃傾山センゲン谷で射殺。翌年本谷山平岩谷で射殺したものも合祀。	流失
5	緒方町上帯迫岡	大正二（一九一三）年九折で罠にかかった。昭和七（一九三二）年傾山センゲン谷で射殺されたものも合祀？	骨は研究用に掘り出されたとあるが所在不明。
6	竹田市神原柿の下	不明	不明
7	障子岳山頂	明治十四（一八八一）年、障子岳にて射殺。射殺した猟師の孫が石碑を建てる。	「熊ノ社」の石碑。現存。
8	高千穂町河内熊野鳴滝神社境内	享保年間に高千穂町河内で射殺。射殺した猟師の子孫が石碑を建てる。	やや傾いているが、現存。新年に慰霊祭を行う。
9	高千穂町五ヶ所	一五〇〇年前頃、高千穂町五ヶ所で射殺。「屋敷神に熊の供養塔あり」とある。	現存するというが、未確認。
10	高千穂町上野個人宅	天保十五（一八四四）年十月、「熊つか石立くふよう相すみ候」とある。	二つの石祠が確認されている。
11	高千穂町岩戸馬生木	地元で「熊の墓」と呼ばれているが、由来は不詳。	現存するが、祭式などは行われていない。
12	日之影町乙ヶ淵	「猪獅子熊萬霊供養塔」、大正十四（一九二五）年四月二十九日建立とある。	現存するというが、未確認。
13	日之影町高橋	明治七（一八七四）年に鹿、猪とともに供養塚を建立とある。	『日之影町史』には記載がない。
14	西米良村小川	「熊供養塔　イノ年八月十日」とある。明治三十二（一八九九）年か。	熊の供養碑という文献の一方、猪の供養塔とする文献もあり。

＊栗原智昭「九州産ツキノワグマの遺物・史跡等」（ウェヴ版）より引用、一部改変。
＊1～6が大分県、7は大分・宮崎県境の障子岳山上、8～14が宮崎県。

危《け》、小歩危《こぼけ》付近を巡ったことがある。いまは道路も整備されていてあまり不自由は感じなかった。しかし道路が整備される以前は、「人里離れた」という形容がぴったりの所だと思った。歴史地理学で、平家の落人伝説が残る「穏田《おんでん》百姓村」の例としてよく出てくるのが、九州山地の五家荘《ごかのしょう》（熊本県）と米良《めら》・椎葉（宮崎県）、それにこの祖谷である。

さて熊墓は、旧三好郡川西町（三好市）にある。鷹指場越《たかさしばごえ》という、標高八三〇メートルの峠があるが、この峠から五〇〇メートルほどのところにある。高さ三〇センチあまりの「墓石」には、ひらがなで「くま」とだけ彫ってある。さらに「明治廿五年四月七日上笹作蔵」の銘がある。

この地方では、明治初年頃までクマが生息していて、クマ猟も行われていたという。この地方でもクマは、「山獣の王」といわれ、クマを殺すとそのタタリを封じるため、呪文を唱え墓を建てたという。祖谷地方にはほかに、西祖谷山村坂瀬というところに、明治初年頃の熊墓があるという。猟師がタタリ鎮め、タタリ封じのために熊墓を建てる習俗は、九州も四国も同様であることがわかる。

クマのタタリ　九州各地には、クマを捕ったり殺したりすると、「家が七代たたられ根絶した」とか「捕獲した後は、家が栄えなかった」というような伝承が残っている。この豊後大野市緒方町も例外ではない。そこで猟師は、「熊乃権元」というクマ塚（クマの供養塔）を建てて、クマの霊を鎮めようとしたと考えられる。

九州における「クマのタタリ」に関する伝承で最も古いものは、江戸時代中期の享保年間にさかのぼる。それは、現在の宮崎県高千穂町河内地区での出来事。人里近くにしばしばクマが現れるので、役人が猟師にクマを鉄砲で殺すよう命じた。そのクマが身ごもっていることを知った猟師は、殺すのをためらった。しかし役人の命に背くことはできず、やむなく射殺。ところがこの直後から、村で疫病が流行りはじめた。村びとたちは、「これはクマのタタリに違いない」と思い、供養のため熊塚が建てられた。そしてこの熊塚は、今日まで伝えられ、クマの供養祭は今も行われている。

実際に熊塚を建て供養祭を行った記録もある。これも高千穂町である。ある旧家に残された天保十五年（一八四四）の記録に「十月廿九日より卅日迄、村右衛門処、熊津か（熊塚）石立、くふよう（供養）相すみ候。尤、ろうそう（老僧）しめおんぎやう（しめ御経）、〆（しめて）三人御出被下候。尤、老僧ハ廿九日はん（晩）より御出被下候」とある。村右衛門のところで熊塚を建てたので、クマの供養のため、老僧など合わせて三人に来てもらって御経をあげてもらった、という。この例と同じように、十九世紀中ごろになると、祖母・傾山系はじめ九州山地の各地に熊塚が建てられるようになる。しかも、「クマのタタリ」伝承をともなっている場合が多い。

先にも紹介した『高千穂彩薬記』にも、「恐ろしいクマのタタリ」が紹介されている。昔、高千穂の住人が、冬に深山を越えて豊後（大分県）に行こうとした。ところが途中で大雪にみまわれ進退窮まる。そして大樹の下でふた晩過ごしたが、食物が無くなり倒れてしまった。しばらくして気がつくと、口をなで回している者があり、それには毛があったような気がした。翌日晴天となり、正気を取り戻して帰宅して、この話を家人に伝えた。家人はよろこび、これはクマが助けてくれたのではないか、ということになった。ところがクマに助けられた男は、事もあろうに猟師にクマの話をした。猟師は男が語ったクマが現れた場所に行き、そこでクマを射とめることができた。しかしクマに助けられた男は、のちに不慮の死を遂げた。村びとは、クマの恩を忘れたためにクマのタタリで死んだのだとうわさした。

クマのタタリはまことに恐ろしい。そしてこの手の「クマのタタリ譚」は、九州においては枚挙に暇がない。九州の多くの熊塚は、こうしたクマのタタリを恐れた人々によって造られたのである。

クマとクジラの〝母性愛〟　クマとクジラの「母性愛」に着目し、両者と人間とのかかわりに共通点を見いだしたのも中村生雄である。クマはヒトに襲われそうになると、子を食べてしまうことがあるという。また妊娠している場合は、流産させて子を食べることもあるらしい。いずれにしても、子グマがヒトに捕られて不幸になる（殺される）よりは、食べて自分の体内に納めてしまおうという習性によるものらしい。

いっぽうクジラも、漁師に追われていても、母クジラは子クジラから絶対に離れない。その身を挺して子クジラを守ろうとする。漁師たちはその習性を知っていて、子クジラをさきに捕まえる。そうすれば、母クジラは逃げずにこの傍らを離れないから、漁師は労せずして母子ともども捕獲することができるのである。いっぽう、父クジラは適当なところで見切りを付けて母子クジラを残して去っていく。このことから、母クジラの母性愛が父クジラに比べ際だつ結果になるのである。

クマを捕る猟師もクジラを捕る漁師も、ともに両者の母性愛を重視する。その結果、子持ちグマ・クジラ、孕《はら》みグマ・クジラに対しては特別な扱いが行われ、タタリ防止の儀礼としての供養や供養塔建立が行われるというのである。

「諏訪《すわ》の勘文《かんもん》」　ここでは、クジラとイノシシの項でも触れた「諏訪の勘文（諏訪大明神の託宣）」についてのべる。清月庵のクジラの供養塔には、「南無阿弥陀仏」ほか、「業尽有情　雖放不生故宿人天　同証仏果」とも刻まれている。この後者の文言が「諏訪の勘文」とわいれるものである。その意味するところは、「業の尽きた生きものは、たとえ放してやったとしても長くは生きられない。だとすれば、贄として明神の神前にそなえられ、ひいてはそれを直会《なおらい》で食する人間の功徳《くどく》に助けられて、ついには畜生の境涯を脱して成仏するのが最善なのだ」というのである。

明神とは、いうまでもなく信濃《しなの》国諏訪明神である。諏訪地方は古くから狩猟が盛んな地域である。またイノシシの項で触れたように、九州の阿蘇とならんで、中世以来、「草原の狩猟」である牧狩が行われていた。「諏訪の勘文」は、猟師たちが捕った獲物は、諏訪大明神に贄として供えるものであり、狩猟は決して殺生ではない。それどころか狩猟は、最終的には獲物を成仏させるための行為であり善行なのだ、というのである。これは殺生をともなう狩猟を、正当化する論理である。こうして東国の猟師たちの間には、古くから諏訪信仰が浸透していった。

この東国の猟師たちに浸透した「諏訪の勘文」の論理が、西国仙崎のクジラ漁師たちにも援用されていたのである。このことは、「山と海」、「クマとクジラ」、「東日本と西日本」、これらの間に中間項としての諏訪信仰を置くことによって、それぞれが結びつくのである。またクマとクジラの母性愛をヒトと同等のものとして、敬い恐れる猟師・漁師たちの心性と、そのタタリから解放されたいという願いから、供養祭や供養碑の建立という儀礼が行われてきたと考えられる。

「スワの祓《はら》い」　「諏訪の勘文」のついでではないが、宮崎県椎葉村の猟師たちの間には、「スワの祓い」という入山の儀式が残っている。「スワ」は、もちろん「諏訪」であろう。猟師たちは山に入る前に、山の神に向かって猟をして良いかどうたずねるため、「スワの祓い」を唱える。その内容は、先の「諏訪の勘文」とは全く異なる。それは、「そもそも諏訪大明神は弥陀の三尊である。諏訪大明神が庚戌《かのえいぬ》の年に降臨し、千人の狩子を従え千匹の鹿を射止める」というような文言で、最後は「南無阿弥陀仏」でしめられる。この最後の南無阿弥陀仏が、獲物たちへの供養のことばといわれる。

「諏訪の勘文」と「スワの祓い」は、内容的には全く別ものといってよい。しかし、「勘文」では、狩猟が最終的には獲物を成仏させるための行為とする点、「祓い」では、阿弥陀仏によってやはり獲物を成仏させるという点には、共通点を見いだせるかも知れない。こうして、椎葉村の猟師たちのなかにも、形を変えて諏訪信仰が流れ込んでいるのである。両者はその意味こそ異なるが、獲物（生類）を殺す「論理」や獲物への「供養」の意味がそこに込められているのである。

第三章

里の生類供養

イナムシ——螽蝗衆蟲供養塔

螽蝗衆蟲《しゅうこうしゅうちゅう》供養塔　大分県佐伯市弥生の大字大坂本という集落のはずれ、田んぼのあぜ道にムシの供養塔がある。高さは二メートルあまり（写真㉔）。正面に「螽蝗衆蟲供養塔」と大きく刻まれ、背面には「南無阿弥陀仏」、右側面には、「寛延三庚午稔」とある。寛延三年は、一七五〇年である。ここは集落とそれに付随する水田の周縁にあたる。要するに村のはずれといえるだろうか。また供養塔のある場所は、床木《ゆかぎ》川の川べりでもある。このような供養塔の位置は、後述する「虫追い」の習俗に密接に関連するものと考えられる。

「螽」も「蝗」もともに、通常は「イナゴ」を意味する。つまりこの供養塔は「イナゴ」のそれである。しかし、「螽蝗」のあとにつづけて「衆蟲」とあるから、「イナゴほかすべてのムシ」という意味になろう。もともと中国では、「虫」とは第一義的にはヘビ、とくにマムシを意味し、「虫」が集まった形の「蟲」の字はすべての動物を意味する字として使われていた。その後「蟲」が「虫」と同義語になり、日本語の「むし」がこれにあたることばとなったらしい。

いうまでもなくイナゴは、稲を食い荒らす害虫である。「蝗」はまた、「イナムシ」とも読み、稲に付いて稲を食い荒らすムシの総称である。例えばよく知られているトノサマバッタも「蝗」であり、ウンカ（「浮塵子」と書く。体調五ミリメートルほどの昆虫。遠く東南アジアや中国から、上空

㉔螽蝗衆蟲供養塔

を流れる偏西風に乗って、東シナ海を渡って日本に飛来する）も広い意味では「蝗」である。わが国の場合、「蝗害」の多くは、イナゴではなくウンカだという。イナゴにしろウンカにしろ、イナムシがいったん大量発生すると猛威を振るうことから、農民がもっとも恐れる害虫である。イナムシが群がった田畑には何も残らない、などということもむかしはあった。江戸時代には、イナムシの発生による飢饉もたびたびみられた。イナゴ類の大発生とそれによる被害は、今でも世界各地で報告されている。

農民と虫とのつきあい　わが国ではウンカをはじめとするイナムシは、農民にとっては「憎き仇」である。近代以前、有効な農薬のない時代において、農民はイナムシほかのムシたちとどのようにつきあっていたのか。

そもそもヒトが、ムシに作物を食い荒らされるようになったのは、いうまでもなく農耕が行われるようになってからである。しかも毎年、同じ場所で同じ作物を作る定住型農耕が確立してからだという。焼畑などの移動式農業では、耕地の移動によってムシの被害は、ある程度避けることができたのである。また古の人びとは、作物に害を与えるムシの発生は、タタリや神罰と考えたらしい。だから、神威によってムシを除こうとした。

わが国でムシの被害が多発するようになるのは、江戸時代の十八世紀以降だという。それは、肥料を多投下して行う、「効率的」な集約的農業が行われるようになったことがその理由だという。皮肉にも、単位面積あたりの生産力が大きくなると、ムシもまたそれを餌として大量発生する。そして、それまでにない大きな被害となったのである。また、単一の農作物だけを効率的に栽培するようにもなる。そうすると、農地を含めた周辺環境の植物の多様性が失われていく。その結果、抵抗力が低下しその作物自体が病気や害虫に弱くなることが知られている。

ムシによる享保飢饉

江戸時代のイナムシの被害で有名なのは、やはり享保十七年（一七三二）の飢饉（享保の飢饉）であろう。このときのイナムシは、ウンカだったという。そこで享保の飢饉について、少しみてみよう。国立公文書館に「虫付損毛留書」という史料が残されている。「虫付損毛」というのが、ウンカによる「米の減収」（農業被害）という意味である。この史料には、享保飢饉の様子が事細かに記されている。

豊後国府内《ふない》藩（大分市と由布《ゆふ》市）では、この年閏《うるう》五月に大雨が降り、この大雨による田畑の被害が一七三九石余に及んでいた。そこへ追い討ちをかけるように、六月ころから城下近くの村々で「虫気」が付きはじめた。「虫気」とは、ウンカの大量発生の気配である。この事態に対して、虫払いのために笛や太鼓などの鳴り物を鳴らし、祈祷神楽や施餓鬼《せがき》（餓鬼すなわち無縁霊に飲食物を施して供養する儀礼）が行われた。しかし、その効果はあまりなかったようだ。そこで藩では、御勘定所から「くじら油」（鯨油）を村々の百姓へ配布した。府内藩では、虫害に備えて鯨油を備蓄していたようだ。一般にこの飢饉のあと、九州地方から鯨油の利用が拡大するといわれているから、府内藩による鯨油の備蓄と配布は、かなり早い時期に行われた例だといえるのではないだろうか。

しかし藩が鯨油を百姓に配布したとき、すでにウンカによる被害は藩内で大きく拡大していた。藩が備蓄していた鯨油の量、使用した鯨油の量なども、まだおそらく「微量」という程度ではなかったか。またこの時のウンカ被害は、西日本全域におよぶほど広範囲のものであったから、府内藩だけの対処で被害を防ぐことができるようなものでもなかった。結局、「時既に遅し」であった。夥《おびただ》しく発生したウンカの様子は、例えば筑前国博多（福岡市）では、「其虫水に浮て川に流れ出るに、水の色も変る程なり」と記録されている。おそらく大発生したウンカの群、または死骸が川面を覆い、水とともに流れたのだろう。川の色は、ウンカの羽の色に染まった。ただ、ウンカも種類によって羽の色が違うから、川が何色に染まったかは分からない。しかし想像するだに、恐ろしい光景である。

「虫付損毛留書」によれば、ウンカの被害は四国から始まり、九州・中国さらには畿内にまで及んだ。幕府は、大坂で買いれた米を被害の大きい地域に回送したり、被害の実態調査を命じたりした。その結果、この年の収穫が平年の半ばに満たない藩は四六藩にも及んだことが判明した。また、収穫が皆無に近いという藩もあった。例えば、豊後国で最も被害が深刻だった森藩（玖珠郡）では、損毛率（減収率）がなんと九〇パーセントを超えたという。惨憺たる被害である。

幕府はこの飢饉に際し、ふたつの指示をした。ひとつは、伊勢神宮・出雲大社等に祈祷料を出して、「虫退散」の祈祷をさせることである。もうひとつは、田畑にイナムシがついたところは、イナムシの巣が残り、萱などの根に「むかご」（ヤマイモのツルに付く豆状の実）のような形になったりしているから、萱は焼き払え、というものである。前者の伝統的な対処に比べ、後者は害虫の発生を防止するという意味で、近代的な対処といえるであろう。

幕府は、この飢饉での被害を次のように記録している。まず飢餓状態に陥った「飢人」は一九九万四〇三二人、「餓死人」は一万二〇七二人、「斃牛馬《へいぎゅうば》」（死んだ牛馬）は、一万四二三九頭に及んだ。しかしこの数字は、各藩からの届を単純に幕府が集計したものである。各藩では飢饉の被害が大きい場合、幕府からその責任を問われかねないと判断し、数字は少なめにして報告したという。従って、実際にはこの数倍の被害があったと思われるのである。まさに、恐るべきムシの被害である。


江戸時代人の「虫観」　このような被害をたびたび被ったにもかかわらず、江戸時代人のムシついての考え＝「虫観」は、至って「牧歌的」なものにみえる。古人が、ムシの被害を一種の神罰やタタリと考えていたことはすでに述べた。それに加え人びとは、「ムシは自然に湧いてくるもの」と考えていた。この「虫の自然発生説」は、ムシの生態を科学的に認識できなかったからにほかならないが、「普通の百姓たち」ばかりでなく、農書を著した知識人、いわば科学者たちにも受け入れられていた。「虫の自然発生説」は、江戸時代においては「定説」であり「常識」だったのだ。

ムシが自然に大発生して被害をもたらすと考えれば、これは日照りによる干ばつや長雨、台風などの自然がもたらす被害とさほどかわらない。そのため農民たちは、ムシによる被害を一種の「天災」ととらえていた。だからムシの発生は、ヒトの手でコントロールできないと考えていた。いい換えれば、ムシは自然そのものだったのである。だから、江戸時代までは「害虫」という概念もなかった。害虫とは、ヒトに危害を与えるため、ヒトの手で徹底的に駆除せねばならないムシである。「害虫」の概念が成立し、農薬などによって徹底した駆除がおこなわれるようになるのは、近代（明治）以降である。

さて、この「虫の自然発生説」は、害虫の発生をタタリとみなす自然観とともに、近世までの宗教的な儀礼を支えていた。宗教的な儀礼とはなにか。それは享保飢饉の際に行った虫追い（「虫送り」ともいう）・祈祷・施餓鬼などであるが、その他にも虫札を掲示したりムシの供養塔などを建てたりする行為である。

この日本人の「虫観」について、中村禎里の次のような指摘がある。古い中国語でムシとは、広義に動物を意味する。したがってトラのことを「大虫」とよんだ例がある。しかし一般には、虫偏がつく動物が中国語のムシに属する。いっぽう日本では、トラをムシの仲間に入れたりはしない。日本語のムシは、自然発生する（と思われていた）小動物の総称であった。そののち虫の訓がムシとされるようになって、虫偏がつく動物はムシとみなされやすくなった。ヘビは古くはムシのうちに入らなかったが、中国語の「蛇」（虫偏がつく）が日本語のヘビに対応することが知られると、ヘビもムシ扱いされることになった。マムシはムシのなかのムシである。要するに、日本では近世以前のかなり古い時代から、自然発生する（と思われた）小動物をムシ（虫）と考えてきたのである。

ムシが「自然発生する」ことのほかに、ムシの変態もむかしの人びとにとっては不思議で不可解なことであった。幼虫から蛹《さなぎ》、蛹から成虫への変態を、江戸の人びとは「転生」＝「生まれかわり」と考えた。ムシは転生する生き物という認識は、ヒトの生死と重なったとき、死後の世界と輪廻を連想させた。ヒトにとっては、死後の世界は謎であった。ヒトもおそらく、ムシと同じように別ものに生まれかわると考えたのである。このような考えが、このあと述べる虫追いにおいて、斉藤実盛の霊がウンカになったという物語に現実味を与えたのである。また江戸時代の農民は、農作物を食い荒らし被害を与えるムシたちを、享保飢饉のようなムシ飢饉による餓死者のうまれ変わりであるとみて供養した。このような江戸時代の人びとの虫観が、ムシの供養塔を造らせることになったのである。

虫札の習俗　虫札は紙に虫除けの「願文」や「呪文」を書いて、道端や田畑の畔などに置くものである。その際、竹の棒の先端を割って、そこに挟み付けてよく目につくように高く掲げることが多い。虫札は、僧侶や神主が願文を書き、虫除け祈祷や祓をしたのち農民たちに手渡した。江戸時代は、農民が直接寺社から手に入れるほか、藩から村、村からそれぞれの百姓に配布されることもあった。農民たちは、ムシは神仏をはばかって、田畑に入らないと信じていたのである。

現在の大分県域では、昭和二十年代までは、「お関様」と称される旧佐賀関町（大分市）の早吸《はやすい》日女《ひめ》神社のお札が御利益《ごりやく》があるとして、広く普及していたという。

　余談だが、早吸日女神社の御神体とされる神剣は、ながらく海底でタコが守ってきたという謂われがあり、この神社ではタコを食べない。また、蛸を一定期間食べないで「蛸断ち祈願」をすると願いが成就するという。この神社には、タコにまつわる珍しい習俗が残されている。

〈左〉㉖早吸日女神社の虫除札、〈右〉㉕早吸日女神社本殿

早吸日女神社の虫札　早吸日女神社（写真㉕）に「古い虫札」が保存されていないかどうか、筆者は電話で社務所に尋ねてみた。すると驚いたことに、現在でも「虫除《むしよけ》札」を求めに応じて発行しているというではないか。さっそく神社に虫札を頂きに行った。札には小さな文字で「祓ひたまえ、清めたまえ」とあり、その下にやや大きな字で「関六柱大神守護攸」とある（写真㉖）。「関六柱大神」とは、一般に「お関様」とか「関権現」と呼ばれた、早吸日女神社に祀られている六つ

の祭神をさしている。六つの祭神とは、八十枉津日神《やそまがつひめのかみ》・大直日神《おほなほひのかみ》・底筒男神《そこつつのをのかみ》・中筒男神《なかつつのをのかみ》・表筒男神《うわつつのをのかみ》・大地海原諸神《おほとこうなばらもろもろのかみ》である。とくに「虫除」などという具体的な文言などはない。しかしこれが、早吸日女神社伝統の虫除け札である。

神社の方に話を訊くと、田植えのあとに買い求めに来る農家の人が多いという。しかし中には、正月の初詣の時にこの札を買って帰る人もいるという。そして買った札は、竹の先を割ってそこに挟み込み、田の畔などに立てるのだという。虫札について、ほかにも調べてみると、福岡県英彦山《ひこさん》豊前坊にある高住神社でも虫札を出している。もうすっかり廃れてしまっているものと思いこんでいたが、どっこい虫札の習俗は、まだまだ健在であった。

虫追いの習俗

虫追いについては、江戸時代の農学者、大蔵永常の『除蝗録《じょこうろく》』から紹介しよう。大蔵永常は、明和五年（一七六八）、幕領日田（大分県日田市）生まれの農学者。日田を出て、三河国（愛知県）田原藩の産物御用掛などを勤めるいっぽう、諸国を旅して数々の農書を著した。主著『公益国産考《こうえきこくさんこう》』は、岩波文庫にも翻刻され、現在でも読むことが出来る。宮崎安貞・佐藤信淵《のぶひろ》とともに、江戸時代の三大農学者ともいわれる。その大蔵の著書『除蝗録』には、ムシを除けるいろいろな方法が提示されている。その中に、「蝗逐《むしおひ》の圖《づ》」がある（写真㉗）。

この「蝗逐の圖」によって、江戸時代の「虫追い」のようすを知ることができる。この図を見ると、農民たちが松明《たいまつ》を掲げ、太鼓・鉦《かね》などを叩き、ほら貝を吹きながら隊列をなして田んぼの脇道を歩いている。松明を持っているから、この場面は夜間であろう。向こうの空には、三日月もみえる。太鼓などの鳴り物は、その大音響によって、災いを村から追い出すための道具でもある。この当時、害虫だけでなく、悪霊や疫病（流行病）が村に入り込んだときも、きまってこれらの鳴り物が登場した。大蔵は虫追いの説明の中で、「松明《たいまつ》を引《ひゐ》て田に遠《とほ》き野邊《のべ》或《あるひ》ハ河原《かハら》に捨《すつ》れバ付添来《つきそいきた》れる蝗《むし》悉《ことごと》く焼《やか》れて死《し》す、按《あん》ずるに夜《よる》の虫《むし》の人声《ひとこゑ》に群《むれ》て燈《ともしび》に集《あつま》り己《おの》れとやかれて死《し》する」と書いている。イナムシが松明の火やヒトの声に誘われて集まり、みずから火に飛び込んで焼かれて死ぬ、というのである。従って大蔵は、虫追いが単なる儀礼や習俗にとどまらず、害虫の駆除になにがしかの有効性があると考えていたことがわかる。それは、当時の百姓たちも同じであったろう。しかし現実には、「気安め」程度の「有効性」だったに違いない。

㉗大蔵永常『除蝗録』の「蝗逐の図」
（大分県立先哲史料館編『大蔵永常資料集第一巻』より引用）

　大分県立図書館に『大分県農事調査』（明治二十一年）という資料がある。これは明治二十年代の大分県内各地の農事や生活、民俗などを調査して編まれた詳細な記録である。これにある「虫追い」の記録は、江戸時代以来のそれを詳細かつ具体的に伝えている。「農事調査」には、虫追いの模様が、次のように伝えられている。

虫追いはまず、斎藤実盛と手塚太郎の二体の藁人形を作る。斎藤と手塚は、源平争乱の武将である。『平家物語』によれば、乗っていた馬が稲株につまづいて落馬した平家方の斎藤実盛が、源氏方の手塚太郎に討ち取られた。実盛は稲株を怨み、怨霊となった。そして、稲を食いあらすウンカとなった。ウンカのことをこの地方では、「実盛虫」とも呼ぶ。ウンカの姿が、武士が烏帽子《えぼし》をかぶった姿に似ていることから、人びとがそのように連想したのである。

虫追いではまず、実盛人形を太郎人形が追いかけるようにして歩きまわる。そこで、虫追いのことを「実盛追い」ともいった。虫追いは村の各組ごとに行った。夜間、村びとが松明を持って所定の場所に集合。二体の藁人形を先頭に、鉦・太鼓を鳴らし、大声で「実盛ゃ御陣立て、すべての虫ゃ御供じゃ、エイホイワー」と大声で叫びながら、あぜ道を巡って村の上方から下方まで歩きまわり、最後に村はずれの野原や川原などに松明を集めて、ウンカを誘い焼き殺した。下毛郡（現中津市）では、虫追いは一週間にわたり毎夜行った。玖珠郡の村では、各組ごとに六日間の虫追いをし、七日目の「大追い」には多くの村びとを動員して、藁人形を先頭にほら貝を吹いて村の中を走り回ったという。ただ虫追いのやり方は全国各地で、また大分県域内においても、地域によってバリエーションがあったことも付け加えておきたい。

虫追いの習俗で、考えさせられることがある。それはウンカが、実盛の怨霊の化身、または生まれ変わりだということである。だから「虫追い」は、「実盛追い」ともいう。すっかり姿を変えるムシの変態は、現代のわれわれにも不思議に感じられるが、むかしの人びとはそれを「転生」とみた。ムシは「転生」を繰り返す生き物と思われた。だからムシがヒトに転生する、その逆もありうると考えた。だから、実盛がウンカに姿を変えることは、あながち絵空事とは思われなかったのである。ということは、ムシの供養をすることは、実盛の供養をすることにも通じる。ムシの供養塔は、ムシそのものの供養とともに、実盛の供養でもあるといえる。供養という行為はタタリや怨霊を鎮めるために行うから、虫供養は実盛の怨霊を鎮めることによって、ムシも発生しないように願う行為だったといえるだろう。

虫追いの終焉と現状　干ばつや台風とともに、百姓たちを悩ませたものが蝗害であった。虫送りは、雨乞い、風祭り（風鎮祭）とともに、重要な村びとの共同祈願であった。後述するように、虫追いは現在でも行われているところがある。しかし大半の農村で、それは消滅してしまった。虫追いは、いつ頃消滅したのであろうか。

虫送りが消滅したのは、その多くが戦後なのであろう。しかし、実際にはそれ以前に消滅ははじまっている。このことについて、興味深い史料がある。『拓け行く木佐上　古記録にみる半世紀の足跡』は、大分県旧佐賀関町木佐上地区（大分市）の「区会議事決議録」とその解説で、明治二十七年（一八九四）から昭和十三年（一九三八）までの村落の歩みを詳しくみることができる貴重な史料である。この史料には、虫追いについても詳しい記録がある。

明治二十七年は、村を東西二組に分けて、ふた手から松明行列をした。最後は双方待ち合わせ、合流して終わる。そのそれぞれの順路も記録されている。この頃までは、盛んに虫追いが行われていたと思われる。ところが明治二十九年には、それまで欠かさず行われていた虫追いが、「虫追ハ総会ヲ開キ決議スル事ニ決ス　但集会迄ハ虫祭ヲ中止ス」とあり、この年は虫追いをいったん中止した。虫追いは、必要なときに区議会の決議で執行するようになったのである。虫追いという儀礼の後退に呼応するように、区議会では「虫害予防」や「虫害駆除」の協議が盛んに行われるようになる。そして明治三十一年には、捕虫網が見本として村に届けられた。明治三十三年には「捕虫網毎戸一個宛作ル事」「油注ハ二度之ヲ行ヒ網使ハ時ニ之ヲナス事」「虫追ハ点火ヲナサス祭典ノミ執行スル事」と、捕虫網の普及と除虫のための田への注油が取り決められるのと同時に、虫追いの松明行列は行われず祭典だけが行われた。ここには「科学的」な害虫駆除法の普及と、虫追いという古い「習俗」（迷信）の衰退が、表裏一体だったことが見事に示されている。その後も木佐上村では、ムシが大量に発生した年には虫送りが行われてはいるが、次第に衰退して行われなくなっていったものと思われる。松明を点しておこなう虫送りは、明治末年頃までにほぼ姿を消したといわれる。

虫追いは、多くの地域で行われなくなった。しかし全国各地には、少ないながらも虫追いの習俗が生きているところもある。大分県内でも、豊後大野市三重町や朝地町などで、少々形を変えた虫追いが行われている。しかし、害虫の被害がほとんどなくなった今日、虫追いに緊迫感は伴わないだろう。虫追いの松明行列は、一種のお祭、レクリエーションとして続けられているのである。

各地の虫塚　各地に残る「虫塚」も、虫の供養塔とほぼ同じものと考えてよい。

福井県敦賀《つるが》市本隆寺開山堂の脇に「善徳虫塚」がある。天保七年（一八三六）に建てられた。小浜《おばま》の国富庄で「善徳」という名の、秋稲を食い荒らすイナムシが大量発生した。カメムシの一種だったという。そこで百姓総出で、この善徳虫を捕殺した。その後、この虫塚を建立したという。

石川県小松市にも虫塚（市指定文化財）がある。天保十年（一八三九）夏、小松地方でウンカが大量発生した。日の光を遮るほどの大発生だったらしい。この時、田中三郎右衛門という人物が、木綿袋でウンカを捕獲する方法を考えついた。そして捕獲した大量のウンカを俵につめて土に埋め、捕獲方法を刻んだ虫塚を建てた。ウンカの供養も兼ねたものだったという。敦賀市と小松市のふたつの虫塚は、どちらも天保期（十九世紀）に建てられたものである。しかも地域的にも北陸地方という共通点があることを指摘しておきたい。

佐伯市の供養塔は、十八世紀に建立されている。いっぽう、北陸のふたつの虫塚は十九世紀のもの。さきに、江戸時代においてムシの被害が多発するようになるのは、十八世紀以降だったという説を紹介した。これらの虫塚や供養塔の建立年は、この説に符合するといえるだろう。

佐賀市の虫供養塔　佐賀市嘉瀬町大字扇町、佐賀市の中心から西方へそんなに遠くないところに、佐賀県内唯一という虫供養塔がある（写真㉘）。高さ二メートル二〇センチ、横幅五二センチ、短冊形の石塔である。この供養塔の周辺は、すでに市街地化していて車の往来も多い。しかし、通りから少し裏にはいるとまだまだ田畑が残されている。おそらくこの碑が建てられた江戸時代には、このあたりは佐賀の城下町に隣接する水田地帯だったのだろう。

碑文は三行あるが、真ん中の行以外は字も小さく摩滅して読みにくい。木炭で和紙をこすり、簡単な拓本を取りながら読んでみた。碑文の右は、「□貞享二乙丑歳十一月十九日」とあり、貞享二年（一六八五）に建てられたことが分かる。この手の供養塔は、十八世紀にはいったころからさかんに造られるようになるから、けっこう早い時期のものといって良いだろう。最初に紹介した大分県佐伯市の供養塔よりも、六五年前のものである。

真ん中の行は大きくはっきりとした字で、「謹奉漸讀大乗妙典壹万部」とある。これは、大乗妙典一万部を謹んで捧げるという意味である。大乗妙典とは、衆生を迷いから悟りの世界に導いてくれる経典で、一般的には法華経、すなわち妙法蓮華経をさすといわれている。この手の供養塔には、「奉読誦大乗妙典一千部供養」とか、「妙法千部供養」などと刻まれることが多い。これはムシの供養塔だから、「ムシが成仏するために経典一万部を奉ずる」という意味ととらえてよさそうだ。左端の行は、「為五穀満田虫供養成就」

㉘佐賀市嘉瀬町の虫供養塔

とある。ここにはさらに具体的に「五穀が満ちて、田虫の供養成就のために、この石塔を建てた」という。

さらにこの三行の下には、小さい字で十一名の人名が刻まれている。右端には「蒲原新内」とあり、武家の名前だろう。二行目も「蒲原某」と同姓の武家の名前がある。三行目には「□町村庄屋与右衛門」とある。□は摩滅していて読めなかったが、この碑がたっている場所から考えると、「扇町村」ではないだろうか。この与右衛門以下、庄屋の名前が全部で九人刻まれている。推定ではあるが、はじめの二人がこの地域を領有していた給人（佐賀藩士）で、あとの九人が給地の村々の庄屋たちの名前ではないだろうか。つまりこの供養塔は、この地域を知行地とした藩士と村々の庄屋たちが共同で、五穀豊穣とイナムシの供養のために建設したものであろう。

傍らの案内板には、「（前略）肥前聞書にも『毎年六月に虫供養風祭と申す事有之、其の入用高は相定り居候て、年貢の内より兼て取分被置候、其の節惣郡百姓中、於屋宅酒食被下置候』とあり、県内においても虫供養が催されていたことが知られ、この塔は、当時の信仰習俗を知るうえで、県内唯一の虫供養塔として極めて貴重である。」とある。佐賀藩内では年貢の一部を割いて、五穀豊穣祈願、風鎮祭、虫供養が行われていたのである。その際、百姓たちにも酒食が振る舞われたという。『佐賀市史』によれば、「古瀬大明神・川副新北神社・川副大堂六所大明神・尼寺印鑰大明神などで能や浮立・川副上郷西宮の虫供養が行われた」とあることから、虫供養も県下各地で行われていたようである。現在、この虫供養塔は、佐賀市重要有形民俗文化財に指定されている。

ちなみに、同じ佐賀市内の西与賀町大字高太朗には、「司蝗神」と刻んだ小さな祠（高さ約五〇センチ）がある。屋根を有した形状からすると、祠というより小社といった方が良い。これは虫の供養塔というより、イナムシの発生を抑えることを祈って祀られた小神社（神様）といえるであろう。

ふたたび蝗蟲衆蟲供養塔

ふたたび大分県佐伯市の螽蝗衆蟲供養塔にもどろう。供養塔が建てられた寛延三年（一七五〇）前後は、天候不順や自然災害が多発していた。もちろんこれは、佐伯藩だけでの話ではないが、少なくとも佐伯藩の領民たちは、不安と困窮のうちに暮らしていたと推測される。人々の心も、すさびきった時期だった。このような時にイナムシが発生し、百姓たちはイナムシを焼き殺し、油で攻め捕殺した。このような行為にむなしさを感じた百姓たちも多かったのではないか。そこで百姓たちは、石塔を建ててイナムシたちの供養としたのではなかったろうか。また、イナムシの供養塔を建て供養することで、「虫たちよ、できればもうここへは来てくれるな」という切実な思いも、それに込められたのではなかったろうか。この項の冒頭にも書いたように、この塔は村の縁辺かつ床木川のほとりに建っている。ここは、虫追いの最後に松明を焼いてイナムシとともに川に流した場所ではなかったろうか。

この供養塔を紹介して解説した『弥生町誌』には、「これこそ人の優しさ、良心の記念碑として何時までも保存したい文化財だと考える」とある。この「人の優しさ」や「良心の記念碑」というのは、明らかに現代人の感覚であって、江戸時代の農民にはもっと切実な思いがあったと考えるべきであろう。現在、この供養塔は佐伯市の有形民俗文化財に指定されている。

カイコ――蚕霊《さんれい》供養塔

蚕ノ社《かいこのやしろ》　京都の京福電鉄、通称「嵐電《らんでん》」。京都駅方面から有名な嵐山や映画村に行くのに便利がよい。嵐電に乗ると、電車の揺れ具合や傾ぐときの音に、懐かしさを感じる。どこまで乗っても二〇〇円ポッキリという均一料金もうれしい。さて京都駅側の始発、四条大宮駅から五つ目の駅に、蚕ノ社駅がある。この項は、カイコについて書いていくのであるが、ずっと前から嵐電に乗るたびにこの駅名が気になっていた。やっと近ごろ、この神社を尋ねる機会を得た。

　この蚕ノ社駅の北側に隣接して、通称蚕養《こかい》神社（写真㉙）がある。正式な神社名は、木嶋坐天照御魂神社《このしまにますあまてるみたまじんじゃ》と、舌を噛みそうな名前である。そして、天御中主命《あのみなかぬし》・大国魂神《おおくにたま》・穂々出見命《ほほでみ》・鵜茅葺不合命《うかやふきあえず》の四神を祀っている。この一帯はかつて、秦《はた》氏が勢力を持っていた地域で、この神社も秦氏が創建したという。『続日本紀《しょくにほんぎ》』には、大宝元年（七〇一）四月三日の条に社名が出てくることから、それ以前にこの地にあったことになる。日本でも有数の古い神社らしい。ちなみに蚕ノ社駅の西隣は太秦広隆寺《うずまさこうりゅうじ》駅で、ここも秦氏の開いた寺であることはよく知られている。日本の国宝第一号「広隆寺半跏思惟像《はんかしゆいぞう》」はこの広隆寺にある。

　高校の日本史の教科書の中には、「秦氏は渡来人で、その先祖が弓月君《ゆづきのきみ》である。この弓月君が

㉙京都市の蚕ノ社

機織り技術を日本に伝えた」という内容が書かれている。蚕ノ社を造った秦氏は、養蚕と機織り技術のほか製陶技術を日本に伝えたことになっている。『新撰姓氏録《しんせんしょうじろく》』によれば、弓月君は応神天皇十四年に来朝した。渡来後、弓月君とその周辺の人びとは、養蚕や絹織物に従事した。その絹織物は柔らかく、「肌」のように温かいことから、「羽多」の姓を賜ったのだという。しかしこれはおそらく「物語」であって、実際の養蚕は、弥生時代の中頃にはすでに伝わっていたことがわかっている。『魏志倭人伝』にも邪馬台国で養蚕が行われている、という記述がある。

拝殿の奥には、ふたつの社がある。本殿と東本殿である。このうち東本殿が蚕養神社で、いわゆる「蚕ノ社」である。拝殿の前の石垣には、「文化十四年五月　西陣縮緬《ちりめん》仲間」と書いた石碑があった。そういえば、わが国有数の絹織物の産地西陣も、ここからそう遠くはない。養蚕、機織りの神様として、西陣の絹織物業者たちの崇敬を受けていたようだ。

養蚕やカイコのことは、日本でもすでに『古事記』に記述があるほど古い。『古事記』には、「一度はう虫になり、一度は鼓になり、一度は飛ぶ鳥になりて三色に変わる奇虫」を飼う男の話があるが、この鼓は繭のことで、したがって奇虫はカイコをさしているという。

カイコは、天然繊維としては最高級の生糸を自らの口からはきだす。さらにその生糸は、農家にとって重要な収入源となる。生糸で織る絹織物は、古代から税として徴収された。こうしてカイコは、所によっては「おカイコ様」と呼ばれ、神聖視された。また養蚕の神様を「おしろ様」などと呼んで社を営み、カイコの順調な生育を祈る文化もみられた。さきの蚕ノ社も、こうした「カイコ信仰」とも呼ぶべき精神生活から成立したものといえる。

「お蚕さま」の民話

信州（長野県）には、カイコにまつわる民話＝昔話もある。この昔話は、次のようなものである。

むかし信州のある村に仲の良い夫婦と一頭の馬がいた。七年後、この夫婦に待望の娘がさずかった。この女の子は夫婦の一番の宝物だった。娘はすくすく育ち、娘とこの家の馬は仲良く遊ぶようになった。ある日娘がいなくなり、夫婦で一晩中さがしたが見つからなかった。ところが娘は、馬小屋で馬と寝ていたのである。父親は激怒し、娘にないしょで馬を殺してしまった。それを知った娘は大泣きし、馬の所へ行くといって家を飛び出した。馬を殺した罰からか、娘は竜巻とともに天にのぼり姿を消した。時が過ぎて夫婦が空をみていると、あの娘が馬に乗って天をかける姿を見た。そして馬の顔をした二匹の虫が木の葉に乗ってひらひらと落ちてきた。この虫の背には、馬の蹄のような模様があった。虫は桑の葉を、馬のように食べた。やがて虫は美しい糸を吐いた。夫婦は虫を娘のように育てた。これが養蚕のはじまりとなった。

「オシラサマ」信仰

東北地方では、「オシラサマ」を崇拝する蚕神信仰がある。このオシラサマのことは、『遠野物語』の第六十九話にある。それは「昔ある処に貧しき娘あり。妻はなくて美しき娘あり。また一匹の馬を養ふ。娘この馬を愛して夜になれば厩舎に行きて寝、ついに馬と夫婦に成れり。ある夜父此事を知りて、其次の日娘に知らせず、馬を連れ出して桑の木につり下げて殺したり。その夜娘は馬の居らぬより父にたずねてこの事をしり、驚き悲しみて桑の木の下に行き、死したる馬の首にすがりて泣きゐたしを、父は之を悪みて斧を以て馬の首を切り落せしに、忽ち娘はその首に乗りたるまま天に昇りて去れり。オシラサマと云うはこの時より成りたる神なり。馬をつり下げたる桑の枝にてその神の像をつくる」というものである。

これは、さきの信州の昔話と基本的に同じ話である。遠野ではオシラサマを桑の木で造るが、オシラサマの画像は掛け軸にされていることも多い。描かれたオシラサマの姿というのは、頭にカイコの成虫（蛾）の冠を載せ、桑の枝を手に持つ乗馬姿の女神として描かれている。このオシラサマの出で立ちは、さきの信州の昔話にある「娘が馬に乗って天をかける」シーンに重なる。蚕神のイメージは、「馬にまたがった女神」という点では、東北も信州も共通である。

「図経《ずけい》」がルーツ？

ところがこの話のルーツは、どうも中国にあるようである。中国の「図経」に、蜀での話として次のようにある。「蜀の国のある娘の父親が囚われの身になっていた。妻が夫を救い出した者を娘の婿にするといった。それをこの家の飼い馬が聞き、父親を救い出して帰ってきた。しかし父親は、馬を娘の婿にはできないといった。約束を反故《ほご》にされた馬は暴れ回った。そこで父親が馬を殺して皮をはぎ、庭にさらしていた。すると一陣の風が起こり、馬の皮は庭にいた娘を包んで天高く舞い上がった。十日ばかりしてその皮が飛んできて、庭の桑の大木にかかったかと思うと、皮の中から一匹のカイコが出てきた。カイコは桑の葉を食べ、やがて繭をつくった。その糸で布を織ると、見事な織物ができた。ある日、その桑の木の上で美しい音楽が聞こえるので父母が見上げると、そのカイコは娘の姿となり、馬にまたがっていた。そして娘は、私は義を重んじて馬の望みに従ったので、今は天帝のもとにいる。安心してほしいといい、ふたたび天に上っていった。その後夫婦は、養蚕技術を蜀の人々に伝えた。蜀の人々の崇敬を受けた娘は、馬頭娘と言われカイコの神様となった」と。

「図経」とは、中国全体の地理書を「総志」と呼ぶのに対し、各地方の地誌をさす。後漢時代以降、簡単な地図を伴った郡や国の地誌がすなわち「図経」であり、「地方志」の原型となった。内容に少しの違いはあるが、「お蚕さま」「オシラサマ」の話と物語としての構造は同じである。

なお、佐賀市大和町大字川上にある実相院に「蚕神さん」という石像がある。左手に繭をもち、右手には絹糸の束を持ち、馬の傍らに立つ女神像である。また同市大久保にある女神像は、馬に乗っている半身像で大正十五年（一九二六）に建立されたものである。これには、はっきりと「蚕神」と刻んである。佐賀県でも蚕神は、遠野や信州と同じイメージである。

「家畜」としてのカイコ　カイコにまつわる信仰から、カイコそのものの話にもどろう。カイコは家蚕《かさん》とも呼ばれ、人間の手で長い間改良が重ねられ、完全に家畜化された昆虫である。従って、野生には生息しないし、自然界では生きて行けない「種」なのである。「完全に家畜化」されたというのは、言い換えれば、「野生回帰能力を完全に失った」動物ということである。人間の管理のもとでしか生きられず、餌がなくなっても逃げることはない。

たとえカイコの幼虫を自然の桑の木にとまらせても、腹足の力が弱いため、すぐに落下してしまう。つまり幼虫は、自力で樹木に付着し続けることができない。成虫も羽はあるが、その羽に対し体が大きすぎて飛ぶことができない。

カイコの先祖は東アジアに生息するクワコといわれ、中国大陸で改良＝家畜化されたというのが有力な説である。養蚕の歴史は、中国を中心に五〇〇〇年の歴史があるのだが、どのようにクワコを飼い慣らしてカイコを誕生させたかは、実は現在も分からないままなのである。

食用としての利用　以前、韓国を訪ねたときのこと、コンビニに入ると必ず置いてある缶詰に、日本でいう「カイコの佃煮」があった。またティチョン（堤川）市という地方都市を訪ねたことがあった。そこの小さな遊園地を訪ねたときにも、屋台で大鍋にカイコの蛹を煮て売る店があった。注文すると、スプーンなどで佃煮をすくって、紙コップに入れて手渡ししてくれる。要するに韓国では、どこそこでカイコの蛹の佃煮が売られているのである。調べてみるとこの佃煮は「ポンテギ」といい、ビールや酒の格好のつまみとして食べられているという。そこで筆者も、土産にひと缶買って帰国した。そして試しに、大学の友人たちとの呑み会にこの缶詰をつまみに持参した。いつものように、みな大酒を呑んで盛り上がったが、宴のあとには手つかずのカイコの缶詰が残っていた。

このように昔は貴重なタンパク源として、カイコの蛹は食用として利用されていた。最近知ったことだが、日本においても長野県では、今もカイコの蛹の佃煮がスーパーで売られている。昔はカイコの蛹を「絹の華」などといって、佃煮にしていたという。長野県といえば、全国屈指の養蚕地帯としての歴史がある。生糸をつくる過程で大量に排出されるゆでられて死んださなぎを、食用にしてきた習慣が今に伝えられているのである。また長野県の伊那地方では、蛹だけでなく産卵後のメスの成虫を「まゆこ」と呼び、これも佃煮にして食する。

カイコの食用としての利用は、中国のほか、ベトナム、タイなど東南アジアでも煮付けたり油で揚げたりして現在も食べられている。要するに、養蚕地帯ではどこでもカイコを食べてきたのである。

浜名湖の鰻養殖とカイコ　もうひとつ、食用以外に餌としての利用について触れておきたい。日本では食用以外に、カイコの蛹を豚や鶏、それに魚の飼料として利用してきた。量的には食用より飼料の方が多いのかもしれない。現在でもそのままの形で、また「さなぎ粉」という乾燥させて粉末にした状態で、魚の餌などに加工されている。

静岡県の浜名湖は、海とつながった汽水湖で、鰻の稚魚であるシラスが海からあがってくることで知られている。さらに浜名湖では、その稚魚を捕獲して鰻を養殖している。浜名湖の鰻は全国的にも有名で、「うなぎパイ」というお菓子が土産になるほどである。

その浜名湖の鰻養殖は、鰻の稚魚が近くでたくさん獲れること、温暖で養殖に適していることなどの自然的な条件が整っていたほか、鰻の餌にカイコの蛹が大量に入手できたことも重要だったのである。静岡県に隣接する長野県や愛知県、さらに岐阜県は、特に養蚕業と製糸業が盛んな土地柄である。そこで例の「ゆでられて死んだカイコの蛹」が、大量に出てくる。このカイコを鰻の養殖の餌として利用し、浜名湖の鰻養殖が成立したのである。こうして明治の末には養殖技術が確立し、浜名湖とその周辺には鰻の養殖池が次々と造られ、鰻養殖はこの地域の一大産業になったのである。

佐志生の蚕霊供養塔　大分県臼杵市佐志生《さしう》の港を見下ろす高台の道路脇に、「創業紀念蚕霊供養塔」が建っている（写真㉚）。佐志生は、佐賀関の少し南方で、穏やかなリアス式海岸の入り江の漁村である。港の目と鼻の先にある黒島は慶長五年（一六〇〇）、ウィリアム＝アダムズらを乗せたリーフデ号が漂着したところともいわれる。リーフデ号の一行は、臼杵藩に保護され江戸へ送られた。

さて、供養塔の高さは三メートルあまり、大正十五年（一九二六）五月に建てたとある。供養塔を建てたのは、佐志生村養蚕協同組合である。塔の右側面には、この供養塔を建てた経緯が刻まれている。かなり風化がすすみ、読めない字もあるが、つぎのような文章である。

大正七年養蚕業及組合ヲ創〆爾来年々同業者加ハリ随テ産額モ増シ尚益々拡マリツ、アリテ村利民福スル所大ナリトス、然ルニ熟々蚕兒ノ一世ヲ察スルニ君父一子ニモ優ル飼育中ノ奉仕ト愛トハ唯タ吾人カ利己ノ為ニスル暫時ノ行ニ過キスシテ、蚕ハ人ノ為メニ悲惨ナル炮烙ノ最期ヲ遂クルノテアル、利ヲ得テ幸福□ミル者豈黙止シテ可ナランヤ、茲ニ此塔ヲ建テ以テ三界ノ蚕霊ヲ弔フ所以ナリ、嗚呼蚕霊瞑スヘシ焉巧　謹書要約すると「大正七年（一九一八）に養蚕組合が設立され、同業者も増え生産額も順調に増加して、村そして国の繁栄にも大いに役立っている。しかしカイコは、人間のために『悲惨ナル炮《ほう》烙《らく》ノ最期』を遂げるのである。この供養塔を建てたのは、そのカイコの霊を弔うためである。カイコたちの冥福《めいふく》を祈る」と。

㉚佐志生の蚕霊塔。後ろに佐志生の港が見える

いうまでもなく、繭は生糸の原料であるが、もともとはカイコのさなぎを守るためのおおいである。繭から生糸を紡ぐには、大きな釜に湯をわかし、その中に繭を入れて細い糸をほぐしだし、さらに撚《よ》り合わせて一本の生糸ができる。つまりこの過程で、さなぎは全部死んでしまうのである。言い換えれば、生糸を紡ぐときさなぎを「ゆで殺し」ているのである。「悲惨ナル炮烙ノ最期」の「炮烙」とは、「火あぶり」のことをいう。生糸つくる過程で、カイコのさなぎは火刑で死ぬというのである。そこでカイコの霊を供養するための蚕霊供養塔を建てたという。

カイコの霊を畏怖《いふ》する感情を記録した書物は、江戸時代にすでに存在する。『つちくれか、み』(宝永三年(一七〇六)成立、『新編信濃史料叢書四』所収)には、ある男が千万人もの悲鳴をきき、たずねてみると自分の家で、カイコの繭を日干ししていたものから出ていた。男は虫が干し殺される声だと分かって、僧侶に供養をねがい千手観音を勧請した話がある。このはなしは、養蚕農家に虫を殺すことへの罪悪感がともなっていたことをしめしている。

こうして全国各地に「蚕霊塔」「蚕霊社」「蚕影社《さんえい》」などが、建てられた。この類の塔や社は、けっして珍しいものではない。大分市でも、本格的な調査をしたわけではないが、大分市西部の国分と南部の戸次《へつぎ》に蚕霊塔がある。建てられたのはそれぞれ、昭和八年(一九三三年、賀来村農会養蚕実行組合)年と昭和十三(一九三八年、戸次町養蚕実行組合聯合《れんごう》会)である。竹田市には、直入養蚕神社(直入郡養蚕業組合)があるが、これは昭和十二年のものである。こうしてみると蚕霊塔は、大分県内では大正から昭和前期に建てられたものが多いといえよう。

産業革命と養蚕業

日本の産業革命において、養蚕・製糸業と紡績業の果たした役割は非常に大きい。産業革命とは、マニュファクチュア（工場制手工業）から、機械制大工業への移行とともに、その国の経済が資本主義として編成され、社会の転換がおこることをいう。そういう意味において、ふたつの繊維産業の役割が大きいのである。それでは経済の資本主義化とは、如何なる意味か。ひとつは資本家と労働者の関係が生産関係の基本となること。もうひとつは、大工業が小生産を次第に圧迫・駆逐して、大工業による大量生産が成立することである。このように考えると、ふたつの繊維業のうち、産業革命の牽引車になったのは、紡績業といえるであろう。日本における製糸業と紡績業を比較した場合、工場の規模と労働者の数は、明治の後半に至ると、圧倒的に紡績業の方が大きいのである。

確かに生産の規模という点では、紡績業が大きいのは確かである。しかし、次のような点で養蚕・製糸業を重視する見方もある。すでに幕末には、国内生産された綿花を原料として、マニュファクチャ経営の紡績業が成立していた。しかし開港後、資本主義世界市場に巻き込まれると、在来の紡績業は徹底的な再編を受けることになった。多くの紡績機が輸入だったこともあって、国内産の綿花はこの紡績機に適合しなかった。こうして国内の綿花は、しだいに安価な輸入綿花に置き換わっていく。はじめは中国産、のちにはインド産やアメリカ産の綿花が輸入され、綿糸をアジア市場に輸出するという構造が成立した。こうして、製糸業と紡績業は、二大輸出産業となった。しかし紡績業は、原料としての綿花を外貨を用いて輸入しなければならなかったから、外貨獲得産業とはなりにくい。こうして、外貨獲得の主な担い手は、原料の生糸をも国内生産する養蚕・製糸業であったのである。日清・日露の対外戦争も、こうして獲得された外貨があって、はじめて可能なのであった。言い換えれば、「軍事大国」の経済的基盤は、零細な養蚕農家と生糸をつむいでいた少女たちなのであった。

副業としての養蚕業　このように、日本の近代化において、養蚕・製糸業は重要産業であったのだが、さらに個々の零細な農家にとっても養蚕業はなくてはならないものであった。それは副業としての養蚕業である。

農地改革以前の寄生地主制のもとでは、高率の小作料を負担するために副業としての養蚕業が重要だった。昭和初年には、全国の総農家の四〇％が副業として養蚕を行っていたという。しかしそれでも小作料が払えない農家は、借金をするほかない。すると借金漬けの農家は、製糸工場からねらわれる。農家に若い娘がいれば、工女として雇うからと、高額なお金を置いて娘を工場に連れて行く。しかしそのお金は、娘が将来受け取るはずの賃金なのである。娘は工女として製糸工場で働くが、賃金を前借りしている状態なので、仕事が如何に過酷であっても工場から逃げられないのである。この構造が、あの『あゝ野麦峠』の世界を現出させたのである。

右の構造が典型的にみられるのは、北関東や信州などの中部地方であろう。しかし、若干の様相の違いあるとはいえ、九州の零細小作農にとっても養蚕業はなくてはならないものであった。さきにも引用した『大分県農事調査』では、農業生産状況のうち、特に米と麦に加え養蚕の状況を綿密に調査している。これは養蚕業が、農村経済の発展にとって重要だという認識があったからである。昭和初年の大分県の統計書によると、県下農村の中核をなす農家は、主穀（米・麦）生産を主業にして、養蚕業を副業とする農家が四六％に及んだ。さきの全国の平均が四〇％であるのに比べると、大分県はさらに六ポイント高いことになる。やはりこの大分でも、副業としての養蚕に依存する農家が多かったといえる。

近代化と蚕霊供養塔

最初に紹介した京都市の蚕ノ社は、古代からすでに存在した神社である。この神社は、養蚕と機織りの神様として、崇敬をうけたことはすでに述べた。

いっぽう、全国各地には、「蚕霊供養塔」や「蚕霊社」、「蚕神像」の類がかなり分布している。しかしそのほとんどは、近代になって建設されたものといって良い。少なくともここで紹介した大分市・臼杵市・竹田市と佐賀市のものは、すべて大正から昭和にかけて造られたものである。そうすると蚕霊供養塔は、日本の近代、とりわけ産業革命や寄生地主制という、戦前社会の基底と密接に関係があったといえるであろう。副業としての養蚕は、零細農家の現金収入源として重要な役割を果たしてきた。それで各地の養蚕組合が、蚕霊供養塔を建設して蚕に感謝しその霊を慰めたのである。従って蚕ノ社と蚕霊塔は、その施設としての性格は別ものといった方がよい。また蚕霊塔の建立主体である養蚕組合などの産業組合が、大正から昭和にかけて設立されたことも、建立の時期がこの頃に集中している理由でもある。

確かに副業としての養蚕業は不可欠だった。しかし戦前、例えば松方デフレや昭和恐慌だけをみても、景気の落ち込みによって繭価が暴落した。こうして何度も農業経営が破綻し、生活困窮に陥る場面があった。養蚕農家は、景気変動とともに浮沈を繰り返したことも忘れてはなるまい。そのことを知ったうえで蚕霊供養塔をみると、また見方が異なるかもしれない。

ツル――鶴之墓

佐賀市の「雁《かり》の塔」 佐賀市の水田地帯、佐賀市川副町大字福富字米納津《よのづ》に、地元で「雁の塔」とよばれる鳥類の供養塔がある（写真㉛）。コンクリートの土台の高さを含めると高さ二・四メートルほどあり、堂々としたりっぱな石幢《せきどう》形の石碑である。

石碑の碑文のある塔身部分は八角柱である。正面には、「回向　鶴白鳥鴈大小鳥類　壱万二千六百餘之幽魂　業性轉滅」とある。左脇面には「享保第十四巳酉年」、右脇面には「二月二十有八日」とある。「回向《えこう》」とは、自己が行なった修行や造塔・布施などの善行の結果を、自己や他者の成仏や利益などのために差し向けること、また死者の成仏を祈って供養を行うことである。供養と同意ではないが、よく似た意味のことばといって良いだろう。ここでは、「鶴・白鳥・鴈（雁）・大小の鳥類、まとめて一万二六〇〇余りの鳥の幽魂の成仏を願う」という意味になろう。建てられたのは享保十四年（一七二九）二月二十八日である。

背面には、「修善　大乗妙経漸讀百五十部　三千佛名禮賛三晝夜　大乗妙経書寫一字一石　供養之塔」とある。これは「大乗妙経を読誦《どくじゅ》すること一五〇部、過去・現在・未来の三千佛の御名を唱えること三昼夜、経文の字を一字ずつ石に書写して埋納して供養する」という意味である。

「万部塔」の伝統 さきに紹介した、佐賀市の虫供養塔と「雁の塔」は、同じ日に訪ねたのだが、

㉛佐賀市の雁の塔

「雁の塔」をみたとき、虫供養塔とほとんど同じ文言が刻んであることに気づいた。虫供養塔にも「謹奉漸讀大乗妙典壹万部」とあって、同じく「大乗妙典」(法華経)を読誦したとあった。

同じ佐賀市内の水ヶ江、佐賀県庁や佐賀県立図書館のすぐ近くに万部島公園がある。この公園のある場所は、永正二年(一五〇五)、龍造寺家兼によって、国家安泰と万民安楽を祈って法華経一万部の読誦が行われた所だという。天文十四年(一五四五)にも、家兼は法華経万部読誦を行っており、これが万部島の地名の由来である。江戸時代にはいって寛永九年(一六三二)、初代藩主鍋島勝茂によって、大乗妙典読誦の万部塔が建てられた。その後、歴代の藩主もこれにならって、万部塔を建立した。こうして万部島には、一一基の万部経読誦石塔群がある。

こうしたことから考えると、さきの虫供養塔もこの「雁の塔」も、佐賀藩主の「万部塔」建

㉜佐賀平野の水田地帯

立の伝統の上に造られたと考えられるのである。

佐賀藩の御狩場　「雁の塔」に話を戻そう。石塔の傍らには、旧川副町教育委員会の解説板が立っている。それによれば、この石塔のある米納津あたりは、「御屋敷内」とよばれ佐賀藩の御狩場であったという。周囲を見渡すと、現在は一面の水田である（写真㉜）。そしてこのあたりには、佐賀平野特有のクリーク網がみられる。しかし田の畦の周囲には、ところどころ葦が生えている。解説板には「（この付近は）竹林などがあった」とあるが、葦の存在は、竹林というよりも湿地が広がっていたのではなかったか、と想像させる。湿地帯ならば、水鳥を含め鳥類が多く集まってくる。いにしえに思いをはせると、葦の原にツルやガン（カリ）、カモやハクチヨウはじめ、多くの鳥が群れ集まる光景が目に浮かぶ。そのような場所で、藩主が鷹狩を大々的に催していたのであろう。この供養塔を地元では、「雁の塔」とよび、入り口の看板にもそう書いてあるが、「雁」はまた「狩り」に掛けたことばとも想像させる。

藩主の供養塔　さらに解説板には、この石塔が建てられた年について、「五代将軍、徳川綱吉が『生類哀《ママ》みの令』を発布してから四十一年後のことである」とあり、「生類憐みの令」との関連をにおわせているが、あながち間違ってはいないかもしれない。それは、「生類憐み」にしたがって幕府の鷹場制が縮小されていくが、それにならって加賀藩や尾張藩でも同様の政策を実施しているからである。ただ生類憐みの令の地方での適用は、藩によってかなり違いがあること、また四〇年あまりの時間の隔たりがあることから、これについては今後検討する必要がある。

なお解説板には、「佐賀市久保泉町にもこの塔とほぼ同じ供養塔が現在《ママ》している」とある。佐賀市地域文化財データベースのサイトで検索してみると、確かにほぼ同じ形状の供養塔が久保泉町にある。建てられた年月日もまったく同じである。しかし久保泉町のものは、「回向猪鹿六六〇有余大小諸畜類之幽魂業性転滅　享保第十四己酉年二月二十有八日」とあり、「獣類供養塔」なのである。このサイトの説明によれば、「鍋島吉茂公年譜によると、享保十三年（一七二八）六月十八日『為御遊猟川久保御越同日御帰座』、享保十四年（一七二九）四月九日『為御遊猟川久保御越同日御帰城』とあるので、佐賀藩主がこの川久保方面で狩猟を行っていたことが知られ、この猪鹿供養塔は藩主の命によって建立されたものであろう」とある。であれば、さきの「雁の塔」もほぼ同じ経緯で建てられたと思われる。佐賀藩内では、同じ時期に、藩主の命によって、類似の供養塔が複数建てられた。ちなみに、佐賀藩の支藩である小城《おぎ》藩にも、享保十二年

（一七二七）と宝暦十三年（一七六三）に建てられた鳥獣供養塔（猪鹿塔）がある。このふたつの供養塔がある小城市星巌寺の裏山は、やはり小城藩の御狩場だったという。

この本で紹介している、江戸時代の供養塔や動物の墓の類の多くは、ほとんどが庄屋や農民、漁師や網元、さらに猟師などが建てたものがほとんどである。これらはいわば、「民衆の供養塔」といって良かろう。しかし、佐賀市の「雁の塔」や「獣類供養塔」は、藩主の命で造られた「藩主の供養塔」である。このように領主によって建てられた供養塔は、筆者が知りうる限り少ない。

鷹狩と百姓　鷹狩の歴史は古い。鷹を放つことを「放鷹」というが、この放鷹の歴史は四〇〇〇年前にさかのぼるという。中央アジアの狩猟騎馬民族にはじまり、日本へは中国、朝鮮を経て四世紀半ば頃に伝わったとされる。日本において、鷹狩が最もさかんに行われたのは古代の五～八世紀頃と江戸時代だったといわれる。

江戸時代の佐賀藩の鷹狩については、詳細を知る資料は手もとにない。そこで将軍家のそれをみてみよう。将軍が鷹狩を行う場所を「鷹場」というが、「御鷹場」「御留場」「御拳場」ともいった。将軍家の鷹場は、江戸近郊にあった。ここは寛永五年（一六二八）に徳川家によって鷹場に指定され、最盛期は一〇里四方の広大なものだった。これだけの広大な面積だから、この一〇里四方の中には多くの村々があった。そしてそこに暮らす百姓には、色々な制約が強制された。例えば鷹匠やその見習、餌差しなどの鷹役人が出張してきたときは、諸々の荷を運ぶための伝馬や人足を提供しなければならなかった。これは、百姓たちの義務＝負担であるから、もちろん無償である。さらにこれらの鷹役人が宿泊すれば、酒食の接待をしなければならなかった。そのうえ、鳥が寄りつくようにと、川や池の魚は獲ってはならないとか、かかしは指図に従って立てよ、などの細々とした法度が強制された。

おそらく佐賀藩の場合にも、似かよった制約が百姓に課せられたに違いない。将軍や大名の鷹狩のおかげで、そこにくらす百姓たちは迷惑を被ったのである。だから佐賀市の「雁の塔」は、鳥獣の供養をするからといって、百姓たちにとってはちっともありがたいものではなかったにちがいない。

江戸時代の領主（将軍や大名）たちは、大規模な狩猟や鷹狩を害鳥獣の駆除という論理でその行為を正当化した。そういう側面が、全くないではなかった。しかし、狩猟の獲物の豊富さを求める領主たちは、かえって百姓たちに野鳥や獣類の追い払いをしばしば禁止した。だから百姓たちは、自らの手で鳥獣を追うこともできなかったのである。

飯田高原田野の「鶴之墓」　さて、この項のタイトルの「鶴之墓」のはなしにはいろう。大分県玖珠郡九重町田野、飯田《はんだ》高原とよばれる久住高原の一角に、千町無田《せんちょうむた》とよばれるところがある。飯田高原は久住連山の北側に広がる高原で、標高は一〇〇〇メートルをこえる。湯布院温泉からみると西側にあって、ここからは車で三〇分ほど。この飯田高原の東側よりの一角に水田と畑、それに集落（田野村＝千町無田）とがある（写真㉝）。近年有名な観光地となった「九重夢大吊橋」にもほど近い。車で行くと、飯田高原をはしるやまなみハイウェー（九州横断道路）からかなり下っていく。飯田高原自体、久住の山々に囲まれた盆地状になっているのだが、千町無田がこの盆地の中でも一段低いことがわかる。

㉝玖珠郡九重町の千町無田

千町無田の標高は約一〇〇〇メートルほど。筆者が訪ねたのは五月の中旬だったが、高原の風は冷たく感じた。その時の気温は一七度ほどだった。ちなみにこの日、「下界」は夏日（二五度）となり、日田市は三〇度を超えていた。かなりの気温差だ。耕地の広さは約二三〇ヘクタール。圃場整理が行われ、水田が整然とならんでいる。もとは広大な高原湿地だったところで、現在もところどころに葦がはえており、往時をしのばせる。開発はずいぶん古いらしく、千町無田に隣接する年の神遺跡からは、弥生時代末期の土器片や、古墳時代の須恵器片・鉄器などが出土している。

この千町無田の西方の一角に「鶴之墓」がある（写真㉞）。墓の高さは、台座を含めて約二メートルほどである。千町無田を含む田野村の歴史を綴った『田野村古伝集』という書物がある。これはこの地で私塾を営んだ、甲斐市左エ門

㉞九重町の鶴之墓

が書き残したものである。市左エ門は文政年間から書きはじめ、弘化三年（一八六四）に書き終えている。これは田野村に伝わる伝承を集めたもので、古くは『豊後国風土記』から、市左エ門が生きた時代まで書き綴られている。昭和五十八年、九重町文化財調査報告第十二輯として、同町教育委員会から刊本として発行された。この『田野村古伝集』によれば、「鶴之墓」が建てられたいきさつは、次のようなものである（筆者意訳）。

朝日長者伝説の七不思議のうち、この地に住み着いたツル（毎年飛来するツル）がいなくなったのは、文政六年（一八二三）二月二十六日のことである。下笹の水田で、つがいのツルが餌をついばんでいたところ、菅原村の権左エ門という百姓が鉄砲でツルを撃った。すぐに村役人が、このことを日田の代官所に報告した。ツルを撃った権左エ門は、捕縛を恐れてどこかへ逃げ去った。その後代官所から役人がやってきて、ツルの死骸を検分した。検分が済んだあと役人は、「厚さ一寸（約三センチ）の松の板で木箱（棺）を作り、中に二羽のツルをおさめ、宮ノ尾に埋めて石塚を造れ」と指示した。さらに「追って幕府から、ツルに対して法名か神号が下るであろうから、それまで待て」といって立ち去った。これが今ある「石塚鶴」の由来である、と。

文政六年は、市左エ門が若いときであるから、これは市左エ門自身が見聞した「記録」であろうといわれる。江戸時代、千町無田は幕府領で日田代官所の管轄下にあった。それにしても、松材の厚さ一寸の棺といえば、ツルのそれとしては破格のものであろう。というより、ヒトのものより立派な棺をこしらえたのである。しかし残念ながら、幕府からは法名も神号も下ることはなかったらしい。

松材の棺が造られたかどうかは分からないが、石塚は実際に築かれ、その後ながらく村人の手で守られてきた。時代は下って、第二次世界大戦後まもなく、元田野村長の時松元俊と元大分市長の三好一のふたりによって、「鶴之墓」が造られた。墓石の裏側には次のように、墓石を建てた経緯が刻まれている。

鶴之墓

従三位勲二等三好一書

此地大昔一番ノ鶴棲メリ朝日長者七不思議ノ一ナリ文政六年夏悪猟夫ニ殺サル埋ル処石塚今荒廃ス則有志相詢リ修復ノ上這碑ヲ建テ、千秋ニ伝フ

昭和二十二年十月　　同志時松元俊撰並刻

この文章からすると、「鶴之墓」の台座が、文政六年に造られた「石塚」で、この碑文を刻んだ石碑は昭和二十二年（一九四七）に建てられたものである。石塚も長い間に荒廃し、石組みも緩みかけていたものと思われる。それを修復して石塚の台座の上に、新たに石碑をのせたのである。

幕府とツル　ところで田野村の村役人は、なぜすぐさま日田代官所に、このツルの一件を上申したのか。また代官所の役人は、なぜツルの一件を江戸に報告するといったのか。さらには、なぜツルに法名か神号が下るだろうとの予測を村人に語ったのか。それには、ツルという鳥に対する、幕府の特別な扱い方があった。

ツルはもともと権力者にとって特別な鳥であった。ツルが食材として頻繁に取りあげられるようになるのは、室町時代の後期頃からという。同じ頃、「三鳥」とよばれる、「鶴、雉、雁」のうち、ツルが最上位に位置づけられるようになる。そしてツルは、権力者の食膳に頻繁に用いられるようになる。またツルは、最高の贈答品でもあった。信長も秀吉も家康も、天皇にツルを献上した。そのためツルは、権力者だけが捕獲できる鳥となった。ツルを捕獲した者を、秀吉が磔にした事例もある。だから、庶民がツルを捕獲することは極刑に処せられると認識されていたのである。ただ、禁令が明文化されたのは、寛保二年（一七四二）の『公事方御定書』以降であるという。

また江戸時代、将軍は鷹狩で獲ったツルを天皇に献上するのが慣例であった。これは家康以来である。ツルを獲るための鷹狩を、「鶴御成《つるおなり》」という。ツルを獲るために将軍がお出ましになるのである。鶴御成でツルが獲れると、鷹匠が将軍の前でツルの左腹を刀で割き、内蔵を出して塩を入れ縫い合わせる。そして京都まで昼夜兼行で継ぎ送りした。街道筋ではこれを「御鶴様のおとおり」といって見物した。京の天皇家では、正月三が日の吸い物に、ツルの肉が使われたという。

江戸時代には、天皇と公家の鷹狩も禁止されており、鷹狩は武家の特権でもあった。そして鷹狩で獲れたツルは、目上の者への献上品、そして目下の者への下賜品として珍重された。それほどツルという鳥は、幕府や藩にとって特別な鳥であった。

こうした幕府による鷹狩制度とツルの扱いが、「鶴之墓」を造らせたことに間違いはない。しかし、以下に述べる田野村（千町無田）に伝わる「朝日長者伝説」と白鳥《しらとり》信仰という文化的風土も、「鶴之墓」を造らせそれを今日まで守らせてきた要因ではなかったかと思うのである。

朝日長者伝説　それではまず、「朝日長者伝説」とはどのような伝承なのか。「朝日長者伝説」は、いくつかの異なった物語が伝えられているが、本稿に関わる要素を抽出しながら構成すると、伝承の概略は次のようなものである。

昔、神功皇后の三韓征伐のときに勲功があった藤彦は、豊後国玖珠郷を賜った。その子孫は、飯田高原の千町無田に居を構えた。藤彦から十七代目を浅井長治といい、広大な田畑と夥しい牛馬を持っていた。そのころ、豊後国三重に真名野長者とよばれる有徳の者がいた。そのひとり娘は絶世の佳人であった。そのうわさをきいた時の皇子（のちの用明天皇）は、娘をしたって都から三重までやってきた。いっぽう、皇子の失踪で宮廷は大騒ぎとなった。そのことを知った長治は、三重にやってきた若者が皇子だと知って朝廷に言上する。皇子が見つかり、たいそう喜んだ天皇は、「朝日」の称号を長治に与え、以後長治は「朝日長者」と呼ばれるようになった。
朝日長者とその家は大いに栄えたが、次第に奢りが目立ち、神の怒りに触れるようになる。長女に婿を迎える饗宴の時、長者は百姓の宝たる鏡餅を的にして、家人にこれを射させた。矢が的に当たるやいなや、的の鏡餅は一羽の白鳥となって、虚空はるかに飛び去った。この出来事からしばらくして、長者の家運は傾いていく。もう稲が稔ることもなくなり、まもなく長者夫婦も病にかかり死んでしまった。
この朝日長者にまつわる「長者の七不思議」というのが千町無田周辺に残されている。そのひとつに「御所の鶴」がある。長者屋敷の池には鶴が放し飼いにしてあった。そして長者屋敷が絶えたあとも後世まで、ひとつがいの鶴が、屋敷跡に住みついていた。ところが文政六年のこと、ある百姓が鉄砲で、えさをついばんでいた鶴を撃ったところ、それ以来鶴の姿をみることはなくなった。

ほかの長者伝説にもよくある、ひとりの長者の繁栄と没落を伝える物語である。そこには仏教説話的要素が含まれ、「奢れるものは久しからず」のたとえ通り、ついには長者とその家は絶えてしまうのである。

餅的伝説　右の朝日長者の伝説のもとになった伝承が、餅的伝説である。これは『豊後国風土記』のなかにある。それは次のようなものである。

田野　郡の西南のかたにあり。此の野は広く大きく、土地沃腴えたり。開墾の便、此の土に比ふものなし。昔者、郡内の百姓、此の野に居りて、多く水田を開きしに、糧に余りて、畝に宿めき。大きに奢り、已に富みて、餅を作ちて的と為しき。時に餅、白き鳥と化りて、発ちて南に飛びき。当年の間に、百姓死に絶えて、水田を造らず。遂に荒れ廃てたりき。時より以降、水田に宜しからず。今、田野といふ。斯其の縁なり。

（『日本古典文学大系2　風土記』岩波書店、昭和五十年）

「田野は広く肥沃で、農耕に適することにおいては、ほかに比べようもないほどだった。むかしここでは、食べるに余るほどの米ができた。ここの百姓たちはそのことに奢り、餅を的にしてしまった。すると餅で作った的は、たちまち白い鳥になり、南の方へ飛び立っていった。その年の間に、百姓たちは死に絶えて、以後、田は作られなくなった」というのである。一見しておわかりのように、繁栄と奢り、そして没落という話の筋は、朝日長者の伝説とまったく同じなのである。したがって、朝日長者伝説のモチーフが、この風土記の伝承であったことは間違いない。

ちなみにこの伝承は、『豊後国風土記』では速見郡のはなしとして記載されている。しかし、多くの論者は玖珠郡田野のはなしとして扱っている。筆者はどちらと判定する材料も能力も持ち合わせていないのだが、とりあえず「鶴之墓」がある九重町の田野のはなしとして論をすすめていきたい。

この餅的伝説は、百姓が餅を的にする、的が突然白鳥に変化するなど、唐突で奇怪なはなしではある。このことから、古代史や民俗学、そして古典文学の研究者たちからさまざまな解釈が為されてきた。いや、それほど想像力をかき立てる伝承といった方がよいかも知れない。それにしてもなぜ餅で作った的が白鳥に変身するのか。

白鳥信仰と「鶴之墓」　数ある解釈の中で、白鳥信仰と日本古代の初期農耕の関連から論じた説を紹介しよう。その前に、「白鳥信仰」の白鳥は、「しらとり」または「しろとり」とよみ、いわゆるハクチョウそのものだけをさすことばではない。白い鳥は、すなわち「白鳥」である。したがって「白鳥」は、ハクチョウのほか、ツル、コウノトリ、サギなどさす語であることをことわっておきたい。

さて、紹介するのは古代史研究家の芦野泉の説である。芦野は、白鳥信仰があって白鳥神社が存在する地域は、古くから白鳥の飛来地であったとする。白鳥の飛来地の多くは高地の湿原で、弥生時代以降、水田として開発されたところが多い。このような気温が低い湿地帯の水田では、毎年飛来する白鳥の糞が、稲の生育に大いに寄与した（その理由の詳細については、芦野の論考を参照されたい）。そして、白鳥の恩恵にあずかった百姓たちのあいだに白鳥信仰がうまれ、白鳥神社が造られていった、というのである。九重町田野の、さきに紹介した九重夢大吊橋を眼前に見るところに白鳥神社がある（写真㉟）。「千町無田の南西のはずれ」あたりといえるだろうか。もともとは、千町無田に社殿があったらしいのだが、野火による火災で焼失したあと現在地に移転したという。そして千町無田は、古来白鳥の飛来地だったという。白鳥神社がここにある理由も、

㉟九重町の白鳥神社

白鳥の飛来地だったからであろう。また飯田高原は、ハクチョウだけでなく、ツルやそのほかの渡り鳥の中継地であった。

それでは餅的と白鳥には、どのような関連があるのか。日本の稲作農業は、湿地を利用したものから、しだいに沖積低地での灌漑農業が中心となる。そのような低地の稲作ではもはや、白鳥の糞は必要でなくなり、また低地は白鳥の飛来地でもない。むしろ毎年飛来してくる渡り鳥は、恩恵などではなく、稲を食い荒らす「害鳥」でさえあった。そこで百姓たちは、何とか鳥を追う方策を見つけねばならなかった。そのひとつが、古くから使用されてきた「マナコ型の鳥追い具」であった。これは現在でも、鳥追いの道具としてビニール製の物が市販され、利用されている。餅的伝説の餅の的は、餅ではなくこの「マナコ型の鳥追い具」であったと、芦野はいうのである。結局、低地での稲作が主流になるにつれ、高原湿地での稲作は衰退する。餅で作った白い的は、鳥追い具で鳥を追うことを意味し、白鳥はかなたへ飛び去っていく。それを象徴的に表現したのが、餅的伝説であっと芦野は結論づける。

この説についても、これ以上その正否を確かめる術を筆者はもちあわせていない。しかし九重町田野には白鳥神社があることから、ここには白鳥信仰があり、そして『豊後国風土記』の餅的伝説が生まれた場所だった。そのような文化的風土があったから、立派な「鶴之墓」がこしらえられたと筆者は考える。田野の餅的伝説が、もともと速見郡のものかどうか、それは当面問題ではない。田野村（千町無田）に受け継がれてきた白鳥信仰が、「鶴之墓」を造らせ、今日まで守らせてきたと考えたいのである。

ウシ――牛馬安全供養塔

〝ヒバゴン〟の里で　十年近く前のことだ。広島県庄原市のスキー場に行く機会があった。仕事を兼ねて行ったこともあり、またスキーが性に合うものでもなく、そこでスキー場の周辺を半日ほどゆっくり散策した。幸いこの時は、道路の雪は少なく、散歩するのには好都合だった。このスキー場、今は庄原市だが、町村合併前は比婆郡西城町だった。この住所をみてお気づきの方もあろう。そう、ここはあのヒバゴンが出現した場所なのだ。

若い読者のために、「ヒバゴン騒動」について少し触れておく。正体不明の類人猿が相次いで目撃されたのは、昭和四十五年（一九七〇）のこと。謎の怪獣出現のニュースは日本中を駆けめぐり、マスコミの取材も殺到した。あまりの反響の大きさに、地元自治体（西城町役場）にも「類人猿係」というセクションが設置されるほど。その頃、スキー場の開発などで、静かだった里山は騒々しくなっていた。そのことに警鐘をならすために、山の神が「ヒバゴン」の姿で現れたのだと考える人もいた。それは、近くの神社に描き残されていた巻物の山の神の姿が、ヒバゴンに似ていたことも、そのような想像をかきたてることになった。

山狩りなどがおこなわれたが、大方の期待を裏切り、ヒバゴンはついにその正体を現すことはなかった。昭和四十九年の目撃を最後に、ヒバゴン騒動も終息する。当然、旧西城町役場の「類人猿係」も廃止となる。ちなみに「ヒバゴン」という呼称は、比婆山にちなんだ名前である。

うろ覚えのヒバゴン騒動のことをなつかしみながら、旧西城町をあるいていると、ひとつの牛馬安全供養塔（写真㊱）に出くわした。この供養塔は、明治四十四年（一九一一）のものだった。動物に関する供養塔を探しはじめてからも、大分県内では牛馬のそれに出会ったことがなかったので、とても新鮮だった。しかしはじめは、怪訝に思った。それは、「牛馬安全祈願」ならわかるが、「牛馬安全供養」とはどういう意味かという事だった。しばらく考えて、「牛馬安全」と「牛馬供養」をひとつにしたのではないか、と思うようになった。

この項は、「牛馬供養」のはなしである。ウシとウマは、むかしの農家では両方を飼っていることが多かった。だから、農家にとっては「牛馬」を同列に扱い、ともに供養することが多かっ

㊱庄原市の牛馬安全供養塔

た。また、様々な農耕儀礼においてもともに扱われる。したがって、ウシに限定した話はなかなかできない。ただウマについては別項で述べるので、ここでは主にウシのはなしだと思って読んでいただきたい。

大山智明《だいせんちみょう》大権現信仰　庄原市の牛馬安全供養塔に出会ってからしばらくして、伯耆《ほうき》国（鳥取県）の大山を中心に、伯耆・出雲《いずも》（島根県）・美作《みまさか》（岡山県）・備中北部（同）・備後北部（広島県）において、古くから大山智明大権現信仰が盛んなことを知った。智明大権現（通称大山（大仙）さん）は、牛馬安全の神なのである。

この地域の比較的高い山にはたいてい、古くから大山社が勧請《かんじょう》されたという。そして毎年春や秋には、牛馬供養のための大山（大仙）祭が行われてきた。また大山供養田植えは、春秋の祭とは別に行われた。開催日に決まりはなく、奇特な施主（おそらくは地主など裕福な素封家）が主催して、不慮の死をとげた牛馬の供養をした。同時にいま生きて使役している牛馬の安全と五穀豊穣を祈ったという。

塩原の大山供養田植え

旧比婆郡東城町（広島県庄原市）大字塩原に塩原の大山供養田植えという民俗芸能が、今に伝えられている。平成十四年（二〇〇二）、国の民俗無形文化財に指定された。

供養田植えは、太鼓や歌でにぎやかに囃しながら、共同で行う田植えである。もともと東城町あたりでは、何軒かの農家が共同で田植えを行っていた。これ自体は、他の地域と変わりはないのであるが、ここでは田植えの時、太鼓を打ち田植歌を歌って作業を先導する伝統が受けつがれてきた。この太鼓と歌で囃す田植えは、タイコタウエとかタイコダ、シゴトダなどと呼ばれ、昭和二十年頃まで続けられていたという。また田植えの最後には、地主の田などでオオタウエと呼ばれる田植えの締めくくりの祝祭的で大規模な田植が行われた。大山供養田植えは、このオオタウエと牛馬供養の大山信仰が組み合わさった特別な田植えである。

この祭がいつどこではじまったかは不明であるが、室町時代の応永五年（一三九八）に成立したとされる。「大山寺縁起絵巻」には、すでに供養田植えの様子が描かれているので、少なくとも十四世紀には供養田植えが行われていたようである。そして戦後は、田植機などの農業機械が普及していく。そうすると共同作業の必要性がうすれ、個々の田植えではタイコタウエは行われなくなった。そしてオオタウエだけが、共同体の祭礼として行われてきたのである。

牛馬の恩恵と儀礼

少し前まで、右の話とからめれば「戦前まで」といってよいが、牛馬は家畜の中でももっとも重要なものだった。田畑を耕す、糞尿を肥料とする、米や材木などを運ぶなど、農業、そして生活全般に牛馬が必要であった。牛馬の有無は、農作物の収穫量の多い少ない、また農作業の効率において決定的な条件であったといえる。だから、農民たちも牛馬をヒト同様に大事にした。この地域だけでなく、牛馬の安全を祈るための地蔵尊などは全国各地にみられる。

手もとに明治十一年（一八七八）の福岡県宗像《むなかた》郡における牛馬に関する農耕儀礼の聞書（記録）がある。それによれば、正月の八日頃には伯楽（獣医）を招いて牛馬を集め、たてがみを切りそろえたり、蹄を切ったりした。これをウマツクロイ（馬繕）といった。正月十八日には観音様の縁日で、ウマを参詣させる。苗代作りや田植えが終わると、弁当を携えて氏神に宮籠りをした。これは、五穀豊穣と家族の慰安、それに人牛馬の安全を祈るためであった。端午の節句には、牛馬を休ませ、枇杷《びわ》の葉と味噌をすり混ぜた「御馳走」をつくって食べさせた。旧暦の八月には、牛馬の病気をもたらすというシイを追い払うために、鉦や太鼓をならして山狩りをした（シイとは、イタチに似た想像上の動物で、シイが厩舎に入ると牛馬が病気になると信じられていた）。毎年、それぞれの村から二名を英彦山に参拝させ、その時受け取ったお守りと杓子を配った。これは、五穀成就と人牛馬の安全のためであった。要するに、牛馬はヒトと同じように大切にしてきた。こうして、牛馬をめぐるさまざまな信仰や民俗を生みだした。

それに加え、中国地方で牛馬が大切にされた理由がもうひとつある。広島県庄原市は、中国山地の山あいで岡山県との県境付近にある。この地域は古くから、農業とともに砂鉄を原料とする製鉄、いわゆる「たたら製鉄」が行われてきた。日本古来のたたら製鉄では、木炭で砂鉄を溶かして玉鋼《たまはがね》をつくる。このとき、大量の木炭が必要となる。中国地方では、木炭の原料となる木々の運搬、焼いてできた木炭の運搬に牛馬が不可欠だった。さらに、砂鉄や製品としての玉鋼の運搬にも、牛馬が必要だった。この地方に、牛馬守護の信仰を集める大山神社と、それを勧請した大山神社（大仙さん）が散在するのは、このたたら製鉄と密接な関係があるのである。

日本の牛馬の起源

ところで筆者は不覚にも、日本列島には有史前から牛馬が生息していて、それぞれ進化しながら現在にいたるものと思いこんでいた。しかしこれは全くの誤りだった。ここでも、考古学の成果にあやかることにする。

日本で発見された最も古いウマ科の化石骨は、中新世の初期（約一五〇〇万年前）に生息していた三本指からなる三指馬（アンキテリウム）である。その後、鮮新世（五〇〇〜一六〇万年前）には、やはり三本指のヒッパリオン、鮮新世後期には今日のウマと同じエクウスが登場した。しかし氷河期が終わり、海面が上昇して日本列島が大陸と切り離されると、大陸から渡ってくる動物が途絶え、日本列島ではエクウスも絶滅してしまう。その後、日本にはウマ科の動物のいない時代が長く続いた。ウシもまた同様の歴史をたどる。こうして縄文時代から弥生時代には、日本にウマとウシはいなかった。そして四世紀末頃に、乗馬の風習とともに大陸からウマがもたらされたと考えられている。そしてウシはやや遅れて、五世紀末頃、朝鮮系渡来人により持ち込まれたのではないかといわれている。馬鍬《まぐわ》や犂《すき》も、それぞれウマやウシとともにもたらされた。こうして伝来したウマとウシの子孫が、いわゆる日本の「在来種」と呼ばれるようになるのは、明治以降に西洋からウマとウシがもたらされて以降のことである。

ウシ地帯とウマ地帯

ところで、明治期のデータによる牛馬耕の普及率の比較（地域別の平均値）によれば、北海道六〇・四％、東北一五・九％、関東四六・七％、中部三五・八％、近畿七三・三％、中国八三・二％、四国八九・八％、九州八九・八％となっている。東日本が北海道を除いて五〇％以下なのに対し、近畿以西の西日本はいずれも七〇％以上である。牛馬による耕起は、西高東低の傾向がはっきりとあらわれる。いい方を変えれば、西日本の農業においては、より牛馬耕に依存していたということになる。

また同じデータによる、旧国別（武蔵国、相模国などの国）の牛馬比率にも、東西の違いが明瞭にあらわれている。すなわち、岐阜県以東の地域は概ねウマが優位で、滋賀県以西の地域はウシが優位である。そして中国地方のほとんどの地域で、ウシが六七％〜一〇〇％をしめている。ちなみに九州では、北部ではウシが多く、南部はウマが多くなる傾向がみてとれる。このデータを要するに、西日本は東日本に比べより牛馬耕が普及しており、さらに牛馬のうち牛耕により依存した農業であったといえるのである。ここらあたりに中国地方に大山供養田植えという民俗が受けつがれてきた理由もあるのかもしれない。

この牛馬の分布について、一例をあげる。熊本に移る前の小倉藩主細川忠利は、領内の人畜改めを行った（元和八年（一六二二））。小倉藩領だった豊前国宇佐郡は、農家総数九八二二軒、ウシが二四四四頭、ウマが一〇四〇頭となっている。ウシがウマの倍以上おり、農家一軒あたり〇・三五頭の牛馬がいたという比率である。豊後国速見郡別府村では、家数七四軒、ウシが七〇頭、ウマが二七頭である。ウシがウマの倍以上という点では、宇佐郡の場合と同じである。しかし別府村の場合、一軒あたり平均一・五頭の牛馬がいた計算になり、宇佐郡よりはるかに牛馬の普及が進んでいたことがわかる。牛馬の普及の度合いには、地域によってばらつきがあるが、豊前国の場合も豊後国の場合も、ウマよりウシが断然多かった。

天神様とウシ　京都の北野天神に行くと、境内に何体もの横たわったウシ（臥牛）の作りものがある。よく知られているように、ウシは天神の使いである。なぜウシが天神（神となった菅原道真）の使いかといえば、菅原道真が承和十二年（八四五）生まれで、この年が丑年であったこと。また、太宰府に左遷された道真が亡くなったとき（延喜三年）、「ウシの行くところへとどめよ」と遺言した。そして遺言に従い、道真の遺体を牛車に乗せて、ウシが立ち止まったところに遺体を埋葬したことから、ウシが天神の使いとなったという。

道真は死後、怨霊となって京の都にあらわれる。そして京の北野に古くから祀られていた火雷天神と合体した。道真の怨霊が変じた雷神は、京の都で大暴れした。菅原道真を讒言《ざんげん》して左遷に追い込んだ藤原時平の館にも雷が落ちた。時平は道真の祟りを恐れ、それを鎮めるために北野神社を創建した。

いっぽう雷神は、雨をもたらす神であることから、水神とも密接にかかわる農耕神でもある。ウシもまた、もともと雨乞いの生け贄として神に捧げられた動物である。こうして雷神（天神）とウシが結びつくことになったのである。

ところで北野天神のウシたちは、参拝者に撫でられて艶々とした光沢がある。これらの臥牛は「撫で牛」といわれる。自分の体の悪いところと、うずくまったウシの同じところを撫でると良くなるという。ウシに霊力があると信じられていることから発する習俗である。「撫で牛」は、江戸時代に流行ったという。

道真が生きた平安時代、京都周辺でウシに車を引かせて物資を運ぶ車借、牛車を操る牛飼などの職能民が姿をあらわす。十世紀頃から天皇・摂関家をはじめ高位の貴族が牛車に乗るようになった。このようなウシたちは、天皇家や摂関家の牧（牧場）や諸国から貢納され、高位高官のものたちは、競ってすぐれたウシや牛飼を求めた。こうした平安時代の、ウシへの需要や欲求の風潮から、天神様とウシを結びつける物語が作られていくのであろう。

㊲阿蘇市波野仁田水の牛神社

牛神《うしがみ》信仰　熊本県阿蘇市波野大字仁田水に、牛神社という小さな神社がある（写真㊲）。この神社をはじめて訪ねたとき、これは「うしじんじゃ」と読むのか、「うしがみしゃ」と読むのか分からなかった。「牛神社」の読みは、ふた通りがある。幸い、神社の鳥居近くにたっている阿蘇市の案内板には、「うしじんじゃ」とルビが振ってあった。案内板によれば、この神社からほど近い水源に「うしがみ」が祀ってあったものをここに勧請したのだという。この牛神社の祭神は、菅原道真（天神様）である。

牛馬の守り神である牛神を祀る牛神信仰は、やはり西日本にひろく分布する。牛神信仰で全国的にも有名なのは、岡山県備前市にある田倉牛神社《たくらうしがみしゃ》である。この神社は古代、易道思想とともに疫除《やくよけ》神として入ってきた「牛頭天王《ごずてんのう》」を祭神として建てられたという。実際この地に社殿が建てられたのは、江戸時代の初めころという。疫病や天変地異の災厄を除けるために勧請された。その後、岡山藩では農業振興策として農家にウシを飼うよう奨励した。その時藩は、村々ごとに牛神社を一祠ずつ祀らせた。それが牛神信仰をいっそう広げることになった。

田倉牛神社で驚くのは、境内にうずたかく積まれた、備前焼の牛馬像の山である。小さな備前焼の牛馬像が、文字通り山になっているのである。この牛馬像の山が、御神座でもある。その数、一〇万個とも二〇万個ともいわれている。御神体も石で彫られたウシである。いうまでもなくこの神社は、牛馬、とくにウシの守護神として信仰されてきた。と同時に、農耕の神としても崇敬を集めた。今でも飼育している牛馬の安全祈願に訪れる人が多いという。

「ウシ地帯」である西日本には、こうした牛神社が点在している。宮崎県高千穂町にある石神神社も牛馬の守護神である。延宝二年（一六七四）の古記録には、この神社は「牛神大明神」とあり、現在の高千穂神社の使牛を祀ったのがはじまりだという。

大将軍神社　大分県由布市挾間町大字篠原に大将軍神社という神社がある（写真㊳）。大将軍神社は二五三メートルの小高い山（小倉山、通称大将軍山）の山頂近くにある。山頂には電波塔があって、すぐそばにある「あしなか岩」（「あしなか」は短い草鞋《わらじ》のこと）は見晴らしが良く、旧庄内町（由布市庄内町）の水田地帯がよく見える。この周辺は、大分川中流の河岸段丘が発達しているところで、古くから農業地帯であった。従って農耕に必要な牛馬も多かった。この神社の境内には、臥牛（写真㊴）像三体と馬の像がある。

大将軍神社は、地元では通称「大将軍様」と呼ばれている。もともと京都に鎮座していた本社は、いったん加賀国篠原村に遷座。さらにその後、現在地に移ったという。ただこの辺りの経緯は、伝承の域を出ない。「大将軍」は、地元では「ダイジョウゴン」と濁った読み方をする。

もともと大将軍は、陰陽《おんみよう》道において、方位の吉凶をつかさどる八将軍のひとつで、魔王天王ともよばれる鬼神である。この大将軍がなにゆえ牛馬の守り神なのかは、いまひとつ定かでない。しかし大将軍は、牛頭天王の息子といわれ、日本ではスサノオと同一視された。牛頭天王たるスサノオは、牛馬の守り神とされる。のち、牛頭天王自身がスサノオと習合した。こうして牛頭天王（スサノオ）と大将軍は、ともに牛馬の守り神として農民に崇敬されたのであろう。

大将軍神社のある篠原は、江戸時代は熊本藩の飛び地であった。そのため本宮は、熊本藩主の厚い崇敬を受けた。社伝によれば、宝永元年（一七四〇）正月十三日、保食神、伊邪那岐神、岩長姫神の三神を奉安して牛馬の守護神にしたという。江戸時代に編まれた『豊後国志』にも、「此祠、専祷請牛馬之疾云」とある。要するに、牛馬の病気治しに霊験（御利益）があるという。

次のような逸話も伝わっている。第三代熊本藩主細川綱利が参勤交代の途上、近くの野津原《のつはる》（大分市、ここも熊本藩領）まで来たとき、ウマの具合が急に悪くなった。そこで家来たちは、牛馬の病に霊験あらたかな大将軍神社のことを聞き参拝し、馬の病気平癒を祈願した。その後、野津原までもどると、ウマはすっかり元気になっていた。綱利は参勤交代の帰途、御礼参りをし、さらにその後神輿を奉納した。大藩の藩主が大将軍神社を崇敬しているという評判はすぐに広が

〈上〉㊳由布市挾間町の大将軍神社
〈下〉㊴大将軍神社の臥牛

㊵大将軍神社春の大祭（由布市HPより）

り、この神社への参拝者が増えた。そして祭礼の日には、遠近を問わず参詣するものが多く、神社のある小倉山一帯は、牛馬と人で満ちあふれるようになった。

旧暦の十二月十三日（牛馬の日）、現在は正月中旬に毎年春の大祭が行われている。祭の日は牛馬の安全や健康を祈願するために、現在も各地から大勢の人が参拝に訪れる。参拝者は餅を神前に供える。そして代わりに、ほかの人が供えた餅をもらって牛馬に食べさせる。こうすると、牛馬が病気にならないという。さらに祓いを受けて、牛馬の安全を祈るのである（写真㊵）。

阿蘇の放牧地　最後に、筆者の出身地の牛馬安全祈願を紹介して、この項を終えたい。筆者は、阿蘇山の南麓、現在は南阿蘇村という田舎が故郷である。阿蘇には内牧《うちのまき》（阿蘇市）、外牧《ほかまき》（菊池郡大津町、阿蘇の外縁にあたる）などの地名が残り、古くから放牧が盛んな地であった。おそらく内牧や外牧は、古代の地方豪族たる阿蘇家のウマを生産する「牧」であったと思われる。

阿蘇では江戸時代になると、牛馬もかなり普及していた。筆者がうまれた村は、江戸時代は長野村といった。現在は、南阿蘇村に含まれる。この村の宝暦期のデータをみると、竈数（世帯数）六九、人口二五七人（男一二九人、女一二八人）に対し、馬四二頭、牛四八頭であった。農家一軒たり一・三頭の牛馬数で、先の小倉藩の数字と比較してみると、別府村のそれにほぼ匹敵する。やはり阿蘇の農村は、牛馬が比較的多かったといえるであろう。またウシがわずかに多いが、その数は拮抗しており、ウシの多い西日本のなかでは、ウマが比較的多いといえる。

ちなみに、熊本藩には「人畜改帳《にんちくあらためちょう》」なる帳簿がある。ヒトはもとより、牛馬数も正確に調査し記録した帳簿である。牛馬は農業生産力を左右する鍵であったし、有事には軍事力をも規定する要素だったのである。軍事力というのは、戦場で戦うだけでなく、食料や軍事物資を運搬する、いわゆる「兵站《へいたん》」にとっても牛馬は重要であった。したがって、牛馬数を正確に把握しておくことは、藩にとっては極めて重要なことであった。

阿蘇では夏場、麓の村より少し高い高原でウシを飼う。旧長野村は標高四〇〇メートルほどにあるが、放牧地（阿蘇では牧野《ぼくや》という）はそれよりさらに数百メートル高いところにある。秋になって草が枯れはじめると牛馬は里にもどし、「刈り干し」を切って冬に備える。刈り干しとは、刈り取った草原の草を干して、冬の飼料にするものである。スイスでは、夏にアルプとよばれる高原牧場でウシ（乳牛）を飼う。そして冬になるとウシを里に連れてもどり、畜舎で飼う。つまりスイスの農民たちは、季節にあわせウシを連れ、垂直的に移動するのである。このスイスでの放牧を移牧（トランスヒューマンス）という。阿蘇の放牧は、このスイスの移牧にも似ている。

早嶽山と人馬山　長野村の放牧地は、裏野《うらの》という。村の北側（裏）の牧野（放牧地）である（写真

㊶)。この裏野の西方にあるのが早嶽山《はやたけさん》という小さな丘である。阿蘇中央火口から西に連なるスロープにある小丘で、現在近くには別荘も建っている。阿蘇に詳しい人なら、「泥《ど》火山が噴煙を上げているところ」と言えば分かるかもしれない。その近くに、牛馬の安全を祈る馬頭観音がまつられている(写真㊷)。筆者もそのむかし、この牧野には何度も足を踏み入れたことがあった。しかし、馬頭観音には参ったことはなかったし、その存在すら知らなかった。この夏(二〇一四年)、母親の友人である地元の長野昭子さんに早嶽山周辺を案内していただいた。

馬頭観音がある早嶽山は小さな丘で、日あたりも良く眺望も良い。観音様をまつる祠は、小さな丘のてっぺんに建っている。祠をのぞき込むと観音様は穏やかな表情で、三面のお顔を持っていらっしゃる(写真㊸)。馬頭観音は通常、憤怒の形相をしているのだが、ここの観音様の表情は、あどけなさを感じさせる。なお、馬頭観音とその信仰については、次のウマの項で詳しく述べる。

さて、地元での言い伝えによれば、この馬頭観音は二〇〇年以上前からこの地にあるという。従って、この凝灰岩でできた小さな観音堂(祠)がたてられたのは、江戸時代の後期頃だろうか。地元にのこる記録(『長野内匠日記』)をみると、明治五年(一八七二)に、早嶽山の馬頭観音の祭がはじまっている。馬頭観音の周囲に目をやると、丈の長い草むらに点々と窪みができている。柔らかい草の上に、ウシが横たわって眠ったとき、ウシの重みで草むらにできた窪みである。この時、観音様のまわりにはウシは一頭もいなかったのだが、おそらく夜になるとウシたちが、続々とここに集まってくるのだ。ウシたちの寝る場所は、決まっている。ウシたちはきっと、観音様のまわりで安心して眠りにつくのだろう。夜にウシが集まって眠る、そんな場所を選んで古

㊶早嶽山付近の放牧地

人も観音様をまつったに違いない。小さな丘の上でそんなことを考えていると、何か不思議な感じがした。

このあたりでは、牛馬を野に放つとき（放牧開始日）に、この観音様に牛馬の安全を祈る。祭日は毎年四月二十八日である。祭前日に長野村（南阿蘇村）の「杉の尾」という地区の人びとが集まって、牛馬の絵と観音様の絵を写したお札を作る。当日は午前十時頃から、六人の若者が幟《のぼり》・赤飯・煮しめ・御神酒を準備して早嶽山に登る。そして馬頭観音に幟をたて、お供えをおいて祭に備える。そして、やってくる参拝者たちを待った。そして親ウシ、親ウマに、それぞれ子ウシ、子ウマを引き連れた村の農家が参拝に訪れる。また、近くにあった湯ノ谷温泉（現在は廃業）の湯治客たちの参拝もあって、祭は大いに賑わったという。ただし、こうした光景がみられたのは戦前までのはなしで、現在は地区の人たちだけで細々と

㊷馬頭観音をまつる祠

㊸馬頭観音像

祭がおこなわれる程度である。

いっぽう、長野村の鎮守である長野阿蘇神社の鳥居の前には、人馬山《じんばさん》という小さな地蔵堂がある。長野阿蘇神社と人馬山は、長野村のほぼ中央に位置している。地蔵尊は左手に数珠を掛け、右手に錫杖をもっている。高さは一・五メートルほどの素朴な石像である（写真㊹）。

この人馬山は、昔から牛馬の安全と子授けの地蔵として有名である。例年一月二十四日が祭日で、この日は紅白の幟が立てられ、参拝者を迎える。参拝者が来ると、氏子の人びとが参拝者たちに御神酒（甘酒）を振る舞い、牛馬安全のお札を渡す。甘酒が振る舞われることから、子どもたちも集まってくる。人馬山の祭は、いまも昔ながらに続けられている。

㊹南阿蘇村の人馬山

こうして見てくると、早嶽山の馬頭観音は牛馬の「山の守り神」、そして人馬山は牛馬の「里の守り神」ということになろう。こうして阿蘇の牛馬は、山の放牧地にいても里にいても大切にされたのであった。

ウマ――忠馬友丸之墓

桜ヶ丘聖地の馬の墓　大分市の市街地の南西、大分県立大分西高等学校に隣接した大分市志手に、桜ヶ丘聖地という墓地がある。しかしここは、ただの墓地ではない。ここは旧日本軍大分聯隊関連のいわゆる陸軍墓地である。閑静な住宅街にあるため、日中に尋ねても静かで、訪れる人もまばらである。筆者が訪ねたときは、そこにいるあいだ中、私ひとりだけで静寂に包まれた。あまりの静けさに、良く晴れて清々しい青空のもとだったが、不気味な感じすらした。

桜ヶ丘聖地には、シベリア出兵以来の大分聯隊所属兵士の名と階級、それに戦死した日付や場所を刻んだ石塔が整然とならんでいる（写真㊺）。た

㊺大分市の桜ヶ丘聖地

だし、墓石ではあるが遺骨がここに埋葬されたのではないから、純然たる「墓」というより、陸軍のモニュメントとしての性格が強い。

桜ヶ丘聖地は、大分市民には「ユフタの墓」ともよばれている。なぜ「ユフタの墓」というかといえば、ここに墓標がある陸軍の兵士のほとんどが、一九一八年（大正七）のシベリア出兵の時、「ユフタ」というロシアの小さな駅付近で戦死したからである。この〝ユフタの悲劇〟については、このあと述べる。

この陸軍墓地の北東の縁に、兵士の石塔よりひとまわり小さな馬の墓が七基ある（写真㊻）。これらは、シベリア出兵ほかの対外戦争で死んだウマの墓標である。高さは約五〇センチ。そのうちのひとつに「忠馬友丸之墓」（写真㊼）がある。「友丸」というのが、ウマの名前である。ほかの六基にもすべてウマの名前が刻まれている。つまりこれは、軍馬としてシベリア出兵に従軍し、兵士とともにユフタ村で「戦死」したウマ＝友丸の墓なのである。

ユフタの悲劇　シベリア出兵のとき、ユフタ村で何が起こったのか。第一次世界大戦の最中の大正七年（一九一八）、日本を含む連合国はシベリアに大軍を派遣した。これは「ロシアの革命軍に囚われた、チェコスロバキア軍の救出」が名目であった。しかし実際には、前年成功したロシア革命への干渉戦争であることは明らかだった。「出兵」という曖昧な呼称が、歴史的名辞にもなっているのだが、シベリアの各地で戦闘が行われた。連合国、そしてロシア側の双方に、多大な犠牲者が出ている。従ってこれは、連合軍とロシア（のちのソ連）との戦争である。日本は、大正十一年（一九二二）に撤退するまでの約四年間に、七万三〇〇〇人もの兵力（非戦闘員も含む）

㊻７基の馬の墓

㊼忠馬友丸之墓

と約九億円の戦費（当時の年間予算額に匹敵する）をつぎ込み、約五〇〇〇人におよぶ犠牲（戦死および戦病死）を出している。ロシア（ソ連）の極東地域では、八万人以上のロシア住民が殺されたといわれる。

さて、大分の第七二聯隊に動員令が出たのは、大正七年八月二日であった。八月二十五日から第一大隊が大分を出発、二十七日の深夜には田中勝輔少佐率いる第三大隊がウラジオストクへ向け出発した。真夜中の出発にもかかわらず、「大分市民ハ沿道及ビ停車場ニテ、熱誠以テ奉送」した。大分聯隊はニコリスクに本部を置き、沿海州各地の警備についた。大分聯隊は、警備という任務以上に厳寒のシベリアでの越冬に苦しんだ。翌年二月二十一日、第七二聯隊第三大隊田中支隊約三〇〇人は、アムール州増援部隊として、貨車に乗ってウラジオストクを出発。ユフタ駅に着いたのは二十五日であった。ここで、「敵兵（ロシア革命軍パルチザン）が近くのスコラムスコエ村にいるので攻撃せよ」との命令を受ける。そして翌二十六日午前八時頃、スコラムスコエ村手前の盆地状（ユフタ駅近郊）の雪原で敵兵約二〇〇〇人に待ち伏せされ、約二時間の戦闘のすえ、田中支隊約三〇〇名が全滅した。現場にはシラカバがまばらにある程度で、身を隠す岩もなかった。田中支隊は約二時間、敵の銃火にさらされ、充分な反撃もできないまま全滅させられたのである（厳密にいえば、一人生還）。この時戦死した兵士の墓が、大分市の桜ヶ丘聖地の墓石の多くをしめる。

ちなみに、一九一八年から一九二〇年にかけて、世界的にスペイン風邪（インフルエンザ）が流行した。当然のことながら、シベリアにいた兵士たちの間でも大流行した。そして、スペイン風邪でも多くの死者をだしている。ここの墓地には、こうした病死者の墓石もある。
戦場では当然のことながら、部隊に従っているウマも狙われる。ユフタでは、兵士が全滅したのだから、ウマも同じ運命だったと思われる。「忠馬友丸」もその中の一頭だったと思われる。というのは、墓石の左側面に「大正八年二月西伯利亜」と書いてあるからである。「西伯利亜」がすなわち、シベリアである。桜ヶ丘聖地のウマの墓七基のうち、三基がシベリアで死んだウマである。残り四基は昭和八年（一九三三）とあるので、満州事変（一九三一年）以降の中国戦線で死んだウマの墓と思われる。

日本のウマの起源　日本のウマの起源については、ウシのところで少し触れておいた。『魏志倭人伝』には、「その地には牛・馬・虎・豹・羊・鵲なし」とある。少なくとも弥生時代末期から古墳時代の初期には、日本にウマはいなかった。その後、古墳時代の中期（五〜六世紀頃）になると、古墳の副葬品として動物をかたどった形象埴輪や馬具が多くみられるようになる。この中には、ウマやウシの埴輪も含まれる。ウマの埴輪は、馬具で飾り立てられた事例が多くみられ、ウマは権力者の威信財とされたほか、軍事的にきわめて重要な役割を果たしたと思われる。ウシが運搬や土木工事に用いられたのとは対照的に、ウマははじめから軍事用として大陸から移入された。ウマは四世紀末頃に日本に入ってきて、軍事的にも権力者の重用するところとなり、やや遅れてウシが五世紀後半頃から日本で飼われはじめた。
古墳時代以降の古代社会において、ウマとウシが供犠に用いられたことは、多くの遺跡の出土状況から推測されている。また権力者とともに、殉葬された例も多い。また中世においては、雨乞いの供犠に牛馬が用いられ、この習俗は近世・近代にも受けつがれたという。

古代・中世のウマ

ヤマト政権下では、推古朝の頃にはすでにウマを管理する官職がおかれており、また畿内の豪族によってウマの繁殖が行われていた。勅使牧とは、天皇の命令によって開発された牧場であり、御牧《みまき》ともいう。地方においても在地豪族によるウマの生産が行われ、中央への貢馬が行われていた。

奈良時代になると、兵部省《ひょうぶ》に馬寮が設けられた。いっぽう、勅使牧は兵部省から分離された。『延喜式』によれば、勅使牧は信濃国（長野県）に一六ヶ所、甲斐国（山梨県）に三ヶ所、上野《こうずけ》国（群馬県）に九ヶ所、武蔵国（東京都・埼玉県）に四ヶ所おかれていた。一見してわかるように、東国に偏在している。

平安時代の中ごろになると、武士があらわれた。武士は武芸を生業とする職能集団で、いわゆる「弓馬の道」を専らとした。「弓馬の道」とは、流鏑馬《やぶさめ》、笠懸《かさがけ》、犬追物《いぬおうもの》などの騎射《きしや》をさす。武士とはもともと、ウマにまたがって矢を射て戦う「職人」なのである。

源平の争乱頃には、武士たちの「名馬」が古典文学にあらわれる。乱世の戦場には、ウマがなくてはならない。『平家物語』に登場する平清盛の愛馬は「望月」という。望月の尾に鼠が一晩で巣をつくったことが語られ、これは世の形勢が変わる暗示とされた。源頼朝の愛馬は、「生食《いけずき》（池月《いけづき》）」と「磨墨《するすみ》」。生食は佐々木高綱に磨墨は梶原景季にそれぞれ与えられた。高綱と景季は、寿永三年（一一八四）の宇治川の戦いでそれぞれのウマにまたがり、先陣争いを演じた。

ところで、この生食と磨墨、どちらも豊後国産馬説がある。大分県豊後大野市千歳町の田口山南西の山頂近くに「スルスミ」という池がある。この池あたりで育った磨墨の名が、この池の名の由来だという。また、大分県佐賀関半島には古くから牧がおかれ、ここで生食が生まれ、伊予を経て頼朝に献上されたともいう。いずれも伝説で真偽は明らかにできないが、大分県内各地に名馬伝説が残っているのは事実である。

中世のウマがすべて軍用馬だったわけではない。農耕馬や駄馬（荷馬）としても利用された。日本史の教科書にも登場する馬借《ばしゃく》は、ウマを荷馬として使った運送業者である。正長元年（一四二八）の徳政一揆では、多くの民衆が一揆に加わるが、それは馬借の広範で迅速な移動が一揆の規模を大きくしたともいう。

なお、『大分県史料（二十五）諸家文書補遺』中の室文書（国東市室氏所蔵）には、永禄七年（一五六四）の病馬の治療法を伝える文書がある。これは、針と灸を用いて行う秘術を書き残したものである。すでに中世後期（室町時代）には、針灸を用いてウマを治療する方法が国東地方にも伝えられていたことがわかる。

戦国武将とウマ　戦国武将たちは、戦闘用のウマを揃えるのに必死であった。中でも「武田の騎馬軍団」は有名である。しかし近年は、古来甲斐国や信濃国に勅使牧がおかれ、ウマの生産が多かったことやウマの扱いに長けた者が多くいたことから作り出された「騎馬軍団」イメージだとされる。ただし、武田軍がウマによる山岳機動に優れていたことは確かなようである。長篠の戦いでは、武田の騎馬隊が信長や家康の本陣に果敢に突入するシーンとそれを鉄砲で撃退するシーンがテレビや映画によく描かれる。しかしこれも、合戦から一〇〇年ほどものちに描かれた「長篠合戦図屏風」（徳川美術館所蔵）などでつくられたイメージである。戦国時代の騎馬隊は、巨大な軍勢のごく一部であって、足軽が形成する前線の突破、またはそれへの逆襲を主な任務としていた。けっして先陣を切って突っ込むとは限らないのである。

戦国武将とウマについて、有名なものはやはり山内一豊の逸話であろう。信長の馬揃えのとき、一豊の妻千代（のちの見性院）は、それまで貯えておいた嫁入り時の持参金を夫に渡し、名馬鏡栗毛を購入させた。鏡栗毛は、東国の商人が東国一の名馬を売ろうと牽いてきたウマであった。しかし、あまりに高額なために誰も買う者がなかった。それを一豊が買ったのである。このはなしを聞いた信長は、「高いウマだから、あの織田信長の家中の者でなければ買えないだろうと、東国の商人が牽いてきたウマを、よくぞ浪人の身でありながら買ってくれた」といってよろこんだという。信長の面目も保たれたのである。

江戸時代のウマ　江戸幕府もウマと武芸としての乗馬を重視した。特に家康、家光、吉宗らは、乗馬を奨励し、高田に馬術の稽古場をつくった。高田馬場がそれである。いっぽう、仙台藩や薩摩藩のようにウマの改良に熱心な藩もあった。両藩では、ペルシャ種の種馬を移入し在来馬の改良を行ったり、藩主が所有する良馬を下賜して繁殖させたりした。

しかし江戸時代の一般のウマは、この時代のヒト同様小型化した。また去勢や蹄鉄などの利用もすすまず、ウマの調教もあまりされなかった。歌川広重の「江戸名所百景」の一枚には、ウマの足を大きく誇張した浮世絵があるが、このウマは専用の草鞋《わらじ》をはいている。また、幕末に日本を訪れた外国人たちは、ウマの躾の悪さ（馬を調教しないこと）、言い換えれば奔放な育て方に驚いているが、これについては第五章で触れたい。
農民たちは、乗馬は許されなかったが、飼育して農耕に利用することはできた。また、糞から厩肥を生産することにおいても、ウマは重要だった。ウマを売買する業者を馬喰《ばくろう》といい、城下町によっては「馬喰町」という彼らが集住するエリアがあったところもある。熊本藩が「人畜帳」を作成し、牛馬数を正確に把握しようとしたことは、すでにのべた。しかしウマを所有できた農家は、平均四〜五軒に一軒ほどで、上層の農家に限られていた。ウマはやはり、高価で維持費も大きかった。ウマは「半身上」といわれるが、これは「農家の財産の半分はウマである」という意味である。

馬頭観音とウマの供養　農民たちはウマが死ぬと丁寧に葬って、馬頭観音を建てたりした。江戸時代、ウマの主産地は、奥羽地方、中部地方、そして南九州であった。

宮城県仙台市付近では、ウマが死ぬと櫓に積むか人が担いで行って馬捨て場に埋める。ウマは丁寧に葬られ、路傍や辻などに供養のために馬頭観音を建てることが多かった。また宮城県の南部では、牛馬の供養のために股木に寺で経文を書いてもらって、馬頭観音の前や道の辻に建てる。これを「畜生塔婆」とよび、卒塔婆《そとば》を馬捨て場に建てることもあるという。一般にこの地方では、馬頭観音はウマの供養に建てるものであって、ウマの墓ではなかった。埋葬地と供養する場所とは異なっている。これはちょうどヒトの場合、墓地とは別に、死んだ場所などに地蔵尊を建て供養するのに似ている。

いっぽう、南九州でのウマの葬送をめぐる習俗はどのようなものか。鹿児島県では、馬捨て場、馬頭観音やウマの神のかたわら、村境、小高い丘の上に半畳ほどの塚を築く。これを「供養築き」といい、その塚の上に小さな松の木（供養松）を植えて、これを信仰の対象とする。このような習俗は、鹿児島県で広くみられ、熊本県や宮崎県の一部でもみられるという。この塚での供養は、ウマが死んだとき、牛馬の病気が流行しているとき、牛馬講の日、彼岸の入り、個人で牛馬の安全を祈願するとき、などなどに行われた。もともとウマが死んだとき、墓標として塚を築き、松の木を植えていたものが、その後は儀礼化していった。また、供養築きも馬頭観音を祀るのも、ウマを供養することから発しているが、供養築きのほうがより古い形態だという。

東北地方と南九州でウマの死をめぐる習俗には、形態の違いはあるが、馬頭観音が供養のために建てられることは同様である。これらの地域以外にも、ウマを供養するために馬頭観音を建てる習俗は、広く全国的に見られる。

馬頭観音は菩薩のひとつで、観音菩薩の変化身《へんげしん》のひとつである。ふつう穏やかな表情をしている観音のなかでは、珍しく忿怒《ふんぬ》の形相《ぎょうそう》をしている。梵名を「ハヤグリーヴァ」というが、これは「馬の首」を意味する。これはヒンドゥー教の最高神であるヴィシュヌ神の異名とされる。馬頭観音は、仏教の六道輪廻《りくどうりんね》のうちの畜生《ちくしょう》道に落ちた人びとを救済する観音である。馬頭観音信仰は、平安時代の後期頃から盛んになった。馬頭観音信仰ははじめ、ヒトを対象としたものであった。しかし、「馬頭」という名称からか、室町時代なるとウマの守護神（守護仏）として祀られるようになった。またウマのみならず、あらゆる畜生類を救済する観音でもある。

江戸時代は三都（江戸・大坂・京）を中心として、国内市場が形成されていく。それとともに、ヒトやモノの移動が頻繁になる。そうしたヒトの移動手段、モノの運搬手段として、さらには農耕や厩肥の生産においてもウマはなくてはならない家畜であった。ウマが急死した路傍や馬捨て場に馬頭観音が建てられ、馬頭観音はウマの供養塔としての意味合いが強くなった。石造の馬頭観音は、十八世紀以降に全国で盛んに造られるようになった。

なお、斃牛馬《へいぎゅうば》の遺骸は、埋葬されたりするだけでなく、処理されて利用されることが多かった。それは都市とその周辺においては顕著であった。すでに平城京の南端付近に斃牛馬処理工房があったことが分かっている。関西では中世になると、ウシやウマを徹底的に処理し利用したという。そしてバラバラになった骨を捨てた遺構が見つかっている。これを斃牛馬骨廃棄遺構という。江戸時代には、この骨も骨細工の材料や肥料として利用された。この背景には、「かわた斃牛馬処理権」の確立があった。こうして斃牛馬の遺骸が有効利用される場合、当然のこととして埋葬しなかったことも付け加えておきたい。

軍馬とウマの改良　明治になると、徴兵令が布告された（明治五年）。国民皆兵の名のもと、これまで兵士になることのなかった農民たちも徴兵されることになった。そしてウマたちも、軍馬として徴用されることになった。軍馬が本格的に使用されるようになったのは、近代日本の本格的な対外戦争である日清戦争からである。日本陸軍では、明治十九年（一八八六）に軍馬育成所が、明治二十六年に軍馬補充署が設置された。これによって、一三万頭の軍馬の動員が可能となった。日清戦争は、この軍馬補充署設置の翌年からはじまる。しかし日清戦争においては、軍馬の資質の劣悪さが露呈された。日本のウマは、小型で力も弱かったのである。陸軍では、ウマの改良が急務となった。そこで日清戦争後、馬匹調査委員会が設置された。

日露戦争では、のべ二二万三〇〇〇頭の軍馬が動員されたが、ここでも損耗の大きさと曳力の不足が重大な問題となった。日露戦後に政府は、臨時馬制調査委員会を設置し、本格的にウマの改良に乗り出すことになった。その後、ウマの改良は国策として推進されていく。

その結果、昭和十二年（一九三七）にはじまった日中戦争においては、過去に例をみない大量の軍馬の動員が可能となった。日中戦争からアジア・太平洋戦争を経て敗戦にいたる十年たらずの間に、六〇万頭から七〇万頭の軍馬が戦場にかり出されたという。

戦争におけるウマの用途は、乗用（乗馬）と輸送用（輓馬《ばんば》・駄馬）があるが、兵器の近代化にともない、乗馬より輓馬・駄馬の比重が大きくなる。その輸送用のウマも、欧米ではトラックなどにとって替わられるが、日本陸軍の機械化は遅れる。その結果、アジア・太平洋戦争が終わるまで、日本陸軍にとっては、ウマは重要な輸送手段だったのである。こうして明治以降、日本のウマは軍馬として使用する目的から、その姿を大きく変えていった。

戦争と軍馬碑　森田敏彦による調査によれば、対外戦争に動員された軍馬に関する碑は、全国に九五二基あるという（『戦争に征った馬たち』）。もちろん、悉皆《しっかい》調査ではないから、実際にはもっとたくさん存在するのだろう。森田によるとその建設時期は、アジア・太平洋戦争後に建設された碑は一三二基で、総数の八二％にあたる八二〇基が戦前に造られている。そして戦前のものは、日露戦争開戦後から第一次世界大戦の間、日中戦争開戦からアジア・太平洋戦争開戦までの間に集中しているという。

碑の種類としては、戦前全体では馬頭観音や馬神碑などが最も多く約四〇％。慰霊・供養碑系統のものが一三％。忠魂碑が五％、記念碑が一七％、その他二五％が単に「軍馬之碑」などと記銘された碑である。

その地域的分布は、東北・関東・中部地方など東日本に多く、西日本には少ない。府県別では、茨城・栃木・長野の三県でそれぞれ一五〇基以上に達し、長野県が一八八基にのぼる。東日本に多い理由としては、「東のウマ、西のウシ」という農耕用畜力の分布状況が影響しているという。また長野県に多い理由では、農耕馬の数の多さもさることながら、在野の研究者によって軍馬碑の詳細な調査が行われたことをあげている。

こうしてみてくると、大分市の桜ヶ丘聖地（陸軍墓地）のものは「忠馬友丸之墓」というように、「墓」としての表記がなされている点で特徴的である。森田の研究でもウマに関して、「墓」との表記には触れていない。また、陸軍墓地内にあるというのも特異である。ただ、桜ヶ丘聖地にあるウマの墓は七基である。これらのウマの詳しい「素性」については、全く不明である。また、戦場で死んだウマはもっと多かったに違いないが、なにゆえこの七頭のウマの墓が建てられたのかの経緯も不明である。

靖国神社の軍馬碑　ところで右のような軍馬碑は、いつ頃から造られはじめたのか。それはもちろん、わが国における「軍馬」の成立以降である。したがって、日清戦争以降ということになろう。北九州市門司区の正蓮寺に、軍馬塚がある。第六野戦砲兵連隊によって、明治二十九年（一八九六）に建てられたものである。これは日清戦争中の明治二十八年、第六師団第二大隊が旅順からの帰還途上において、悪天候で輸送船が下関沖で沈没。この時、軍馬五七頭が犠牲になった。この馬たちの「魂を弔う」ために造られたのが、この軍馬塚である。戦後、靖国神社における軍馬の慰霊祭を主催する団体（戦没軍馬慰霊祭連絡協議会）によれば、この軍馬塚が最古のものであるという。ただし、森田前掲書一三〇頁「軍馬碑建設年代および種類別分類」には、明治二十年（一八八七）のもの一基を含む旨の脚注がある。もしこれが事実なら、こちらが最古ということになるが、それ以上の詳細はわからない。

東京都千代田区の靖国神社境内、遊就館本館前に「戦没馬慰霊像」という名の、美しく立派な軍馬像を戴いた慰霊碑がある。これは昭和三十三年（一九五八）に「戦没馬慰霊像奉献協賛会」によって建てられたものである。これは戦後建てられたものであるが、軍馬を祀るまたは慰霊するという営みは、死んだウマを馬頭観音像をたてて供養する習俗からつながっているものである。ただし靖国神社という施設自体は、近代になって創設された宗教施設である。しかも「国事に斃れた者を祀る」という、新たな基準を設けてつくられた。日本の歴史からみれば、ごく「新しい施設」なのである。従って靖国神社そのものは、日本の古い伝統や習俗に則ったものではないことをことわっておきたい。

第四章

伝説の生類墓

イヌ――犬頭太郎《いんとうたろう》の墓

犬頭太郎の墓　いまは大分県中津市に編入された旧下毛郡山国《やまぐに》町守実《もりざね》。守実は江戸時代、中津と日田を結ぶ往還（街道）の中継地で、古くから山国町の中心集落であった。南にひと山こえれば幕領日田である。昭和五十年（一九七五）までは、中津駅からこの守実まで耶馬渓鉄道という軽便鉄道が走っていた。守実には神尾家住宅という、江戸時代の上層農民の居宅が残る。九州唯一の曲がり屋で、国の重要文化財に指定されている。この住宅は、周辺の村役人が集まって寄合をしたり、藩主の鷹狩の際にはお茶屋（休憩所）としても利用された。このことからも、守実がこのあたりの中心集落だったことがわかる。現在の守実は、山国川ぞいの谷あいにあるのどかな街である。

この守実に「お伊勢堂」というお堂がある。そのお堂

㊽山国町お伊勢堂と犬頭太郎の墓
（中央の木の左が墓石か？『山国町誌』より引用）

の傍らに「犬頭太郎の墓」なるイヌの墓があった。「あった」と書いたのは、筆者が尋ねたときは「それらしいもの」はあるが、それとは確認できなかったからである。地元の方四人に訪ねたが、「犬頭太郎の墓」のことはご存じなかった。お堂も近くの神社に移転されたという。しかし、『山国町誌』には、お伊勢堂と犬頭太郎の墓の写真が掲載されている（写真㊽）。また次のような「地名伝説」も紹介されている。少々長いので、要約して紹介する。

むかし、守実の神社の傍らに希代の悪党がいた。魔性を持ったその悪党は、盗む、殺すなど、したい放題の悪行をはたらいた。しかし村びとはなす術もなかった。

ある時この悪党、里でも美しいと評判の娘をかどわかした。「逃げるとふた親を殺すぞ」と脅された娘は、泣きながら悪者にかしずくしかなかった。その様子を目の当たりにした村びとは、何とかしなければと立ち上がった。しかし大悪党のこと、尋常な手段では無理だ。するとそのうち、娘が悪党の子を身ごもったといううわさが流れる。村びとたちは、「飛び道具で不意打ちを掛けるしかない」という結論に達した。

そこで、近郷でいちばんという中摩村の猟師に相談を持ちかけた。猟師は、「成算があるわけではないが、この犬の力を借りて命がけでやってみよう」と答えた。猟師は名犬を飼っていた。

ある日猟師は、悪党が留守の隙を見計らい、犬とともにねぐらに忍び込んだ。猟師は囚われていた娘に事情を話し、協力するようにいった。まず犬を土間にある伏せた石臼にかくし、自分は天井の梁のかげに身をひそめた。しばらくすると悪党が帰ってきた。悪党は「人臭い、誰か来たな」と娘に詰め寄った。娘は「誰も来ない。私が身ごもったのでそう感じたのだろう」と答えた。それでも納得しない悪党は、近くの占い師を呼んだ。占い師は、「剣光る、臼こくる、長居をすれば……」というが早いか、その場から逃げ出した。悪党は「待てっ！」と叫んだ。その瞬間、銃声がして弾が悪党に命中。悪党がひるむすきに、娘が臼を起こす。すると犬が飛び出し、悪党ののど笛を食いちぎった。こうして猟師と犬は、悪党を退治することができた。

このように、犬頭太郎とは伝説または昔話のイヌなのである。犬頭太郎は、「犬の王者」という意味で「犬王丸」ともよばれた。そしてこのイヌを葬ったのが、この「犬頭太郎の墓」と言い伝えられている。犬頭太郎の墓は、いつ建てられたのかは分からない。しかしずいぶん前からこの墓はあったようで、もともと明円寺にあったものが、九〇年前に移されたのだという。

この「地名伝説」には、後日談がある。犬頭太郎（犬王丸）のほかにも、五郎丸、笹川、田野尾、中摩太郎丸にも屈強なイヌがいた。守実の大歳祖神社にヒヒが出て村びとを襲った。村びとたちは、犬頭太郎にヒヒ退治を依頼。イヌたちはみごとにヒヒを退治したという。

糟目犬頭神社《かすめけんとうじんじゃ》　「犬頭」で思い出されるのが、愛知県岡崎市宮地町にある糟目犬頭神社である（写真㊾）。糟目犬頭神社は、矢作川《やはぎがわ》の左岸、ＪＲ東海道線岡崎駅からは、西方一キロメートルほどのところにある。もとは現在地の隣村上和田村の西糟目にあったが、矢作川の洪水により現在地

㊾岡崎市の糟目犬頭神社（岡崎市観光協会HPより）

に遷座したという。観応元年（一三五〇）には、足利尊氏から熊野権現（犬頭神社）領として百貫文の寄進を受け、秀吉の時代まで相続したという。

その「由緒」によれば、貞和二年（一三四六）、時の上和田城主宇都宮泰藤という武将が、イヌを連れてこの地で鷹狩をしたときのこと。社殿の坤《ひつじさる》＝南西の方角に巨樹があったが、この樹の下で泰藤が仮眠をとった。ところがこの巨樹には、大蛇が巣くっていた。大蛇は首を垂れて泰藤をのみ込もうとした。その時、泰藤のイヌが激しく吠えて危険を知らせようとした。しかし泰藤は、このことに気づかず、また眠りはじめた。するとまたイヌが吠えて危険を知らせた。このやりとりが何度がつづいたあと、イヌがわざと眠りを妨げていると思い激怒した泰藤は、刀を抜いてイヌの首を刎ねた。イヌの頭は中空へ飛んだが、その頭は大蛇に噛みついた。そして大蛇が地上に落ちてきたところを、泰藤が斬り殺した。泰藤は、首を刎ねられてもなお忠誠を尽くしたイヌに心うたれ、犬頭霊神として熊野権現に祀った（「全国神社祭祀祭礼総合調査」神社本庁、平成七年。ただし本稿では意訳している）。

慶長八年（一六〇三）、家康から犬頭社領として四三石を得て、その後代々受けつがれた。江戸時代は、「犬頭権現」とか「犬頭大明神」として親しまれた。現在の糟目犬頭神社と呼ぶようになったのは、明治以降のことである。

ちなみに、愛知県豊川市にも犬頭神社がある。しかしこちらの由緒は、先の糟目犬頭神社と異なっている。こちらは、「古代、三河は生糸の産地であった。生糸は犬頭糸とよばれ、三河は良質な生糸を納める国であった。犬頭糸については、『今昔物語集』に次のようにある。「三河国のある郡司《ぐんじ》（古代の郡の首長）が、ふたりの妻に蚕を飼わせていたが、本妻の蚕が死んで糸がとれなくなった。すると郡司は、本妻のもとに来なくなってしまった。ある日、本妻はやっと一匹の蚕をみつけ飼っていると、その蚕が飼っている白犬に食べられてしまった。本妻が悲しんでいると、白犬は鼻の穴からたくさんの白糸を出して死んでしまった。その後も犬の墓に植えた桑の木に蚕が付き、上質の生糸がとれるようになった」と。そして犬頭神社の境内には、今も桑の巨木が御神体として祀られている。ずいぶん由緒は違うが、どちらもイヌの恩恵が、まことに大きいはなしである。

さて、さきの大分県山国町の犬頭太郎の「犬頭」は、「イヌたちの頭《かしら》」という意味だった。しかし岡崎市の「犬頭」は、切断された「イヌの頭《あたま》」という意味で、ふたつの語意は異なっている。しかし神として祀られるイヌの霊は、一般に「犬頭霊神」とよばれるから、祟められるイヌの神に「犬頭」という語を使うという意味では、共通していると思われる。犬頭太郎の「犬頭」も、この神の名称が由来だと考えた方がよかろう。

イヌの起源とイヌ食の文化　ところでイヌは、最も古くヒトに家畜化された哺乳動物である。手に子イヌを持たせた状態で埋葬されたヒトの遺体が、イスラエルの遺跡で発見されている。この遺跡は、今から一万二〇〇〇年前のものという。これまでの研究では、イヌは約一万五〇〇〇年以上前にオオカミから分化したと推定されている。イヌの先祖は、タイリクオオカミの亜種のいずれかと考えられるのだが、イヌとオオカミのDNAの組成は、ほとんどかわらない。だから、イヌを哺乳類の独立種と考えるのか、オオカミの亜種と考えるのかは、議論が分かれている。

ヒトとイヌの関わりは、多岐にわたる。牧羊犬など家畜飼育を助けるイヌ、番犬として野獣や不審者の侵入を防ぐイヌ、ソリ犬として荷物を運ぶイヌ、狩り場で獲物を追い出す狩猟犬など。最近では警察犬、麻薬探知犬、盲導犬、介助犬、さらには災害現場で不明者を捜索するイヌもいて、イヌの役割はいっそう大きくなっている。

しかし食用として、イヌが大量に「消費されている」ことは、日本ではあまり知られていない。イヌは数千年前から、食用として利用されてきた。現在でもアジアでは、年間一六〇〇万匹のイヌが食用として食べられている。最大の「消費国」は、中国だという。韓国でも伝統的にイヌを食べる習慣があり、イヌ料理であるポシンタン料理店は数多くある。イヌ食の文化は、アジア太平洋地域に広く分布する。ただし、インドや西アジアではイヌを食べる習慣がない。これは古代ヒンドゥー教やイスラム教では、イヌを卑しく汚らわしい害獣とみなすからだという。

日本人とイヌ食　こう書いてくると、イヌ食の習慣がない日本は、アジア太平洋地域では特異な国と思われるかもしれない。しかしイヌ食について、わが日本も例外ではなかった。わが国でも江戸時代まで、頻繁にイヌは食べられていた。わが国のイヌ食の歴史を少しみてみよう。

狩猟・採取を生業とした縄文時代には、狩猟犬としてのイヌの利用が行われていたが、イヌを食べた痕跡はまずない。むしろ、丁重に葬られたイヌの骨が見つかっている。しかし弥生時代になるとイヌを食する文化が、大陸から流入したらしい。長崎県対馬の原《はる》の辻《つじ》遺跡などから、解体痕のあるイヌの骨が見つかっている。天武天皇五年（六七五、元号がない期間）には、いわゆる肉食禁止令が出されるが、ウシ・ウマ・イヌ・サル・ニワトリの五種がその対象であった（ただし、四月から九月までの期間）。ということは、イヌ食が普通に行われていたと考えてよい。

中世にはいっても、イヌ食は盛んに行われていた。広島県福山市の芦田川河口にある草戸《くさど》千軒《せんげん》遺跡からは、当時（鎌倉〜室町時代）食べられた動物の骨が大量に出土したが、そのなかでいちばん多かったのはイヌの骨であった。しかもイヌの後頭部には、鉈のような刃物痕があるものがみつかっている。また前足や後ろ足は、鋭利な刃物で切断されているという。この遺跡からは、埋葬されたイヌの骨は、まったく出土していない。埋葬されたイヌであれば、生きていた時のように骨が整然とならんでいるのである。草戸千軒遺跡のイヌの骨は、すべてバラバラの状態で出土したから、あきらかに食べられたイヌの骨である。

江戸時代になっても、イヌ食はつづく。有名な、徳川綱吉による「生類憐みの令」は、イヌ食とイヌを喰う「かぶき者」（乱暴な者、無頼漢）を取り締まる目的もあった。綱吉は、戦国時代以来の暴力的な風潮を改めようとしたともいわれる。これ以降、日本におけるイヌ食文化はしだいに「衰退」に向かう。天明の飢饉の米不足のとき、江戸北町奉行がイヌ・ネコ食を奨励したところ、打ちこわしがおこったという。ただ、イヌ食は日本人の一般的な食習慣からは後退したものの、キツネやタヌキとともにイヌも農村などでは食べられることがあったようだ。

第二次世界大戦後の混乱と食糧難のとき、イヌ食が行われていたことを、筆者は父親から直に聞いたことがある。「生きた証言」である。その中で、「イヌのうち、『アカイヌ』（茶毛のイヌ）がいちばん味がよい」とささやかれていたという。なまなましい話である。極度の食糧難によって、日本人のイヌ食の文化が、短い期間だけ「復活」したのだった。

イヌと日本人　イヌ食の方へ話が及んだが、日本人とイヌの関係は、もちろんそればかりではない。むしろイヌが祀られるのは、食用として有益だったからではない。イヌと日本人との関わりを別な方からみてみよう。

日本最古のイヌは、愛知県上黒岩岩陰遺跡で出土した縄文時代早期、紀元前八五〇〇年のイヌである。出土した骨の破片から推定されたイヌの体高は、四五センチ。現在でいう中型犬と推定された。神奈川県や佐賀県でも、縄文時代早期のイヌの骨片が出土しているが、ほぼ同じ大きさであるという。縄文時代後期になると、イヌの出土例が増加するが、体高は四〇センチほどで小型になる。縄文時代のイヌの骨は、散乱した状態のものは少なく、埋葬された状態のものが多い。これはイヌが狩猟犬として利用されていたことを物語る。

弥生時代になると、稲作とともにブタとイヌを食べる習慣が渡来人によってもたらされた。弥生文化では、イヌは埋葬されず、骨はバラバラになった状態で出土する。つまりイヌは食べられて、その骨は捨てられたのである。

『播磨《はりま》国風土記』には、応神天応が狩猟にシロというイヌを伴っていたという記事がある。もちろん実話かどうかわからないが、古代に天皇ほか支配者層が、狩猟犬としてイヌを飼っていたことを窺わせる。中世都市鎌倉から出土したイヌの骨は、バラエティーに富んでいた。このころさかんに、中国大陸などからイヌが移入されたらしい。いっぽう、中世社会の混乱は、イヌを野犬化させる形でもあらわれた。『餓鬼草子《がきぞうし》』には、野犬が人肉をあさる場面が描かれている。そして草戸千軒遺跡から、食べられたイヌの骨が多数出土したことはすでにのべた。

江戸時代のイヌについては、「生類憐みの令」に関連して少し触れた。江戸時代には、例えば狆《ちん》のようにペットとして飼われるイヌの種類も増えた。武家や裕福なものによって飼われた大型犬もあったようで、多くは屋敷の庭に埋葬された状態で出土するという。また、柴犬、甲斐犬、紀州犬、秋田犬、四国犬などの、いわゆる「日本の在来犬」が特定の地域で狩猟犬などとして飼われていた。しかしこれらの「在来犬」は、他の種と交雑がなかった「純粋犬」という訳ではない。特定の地域で大切に育てられ、形質や性格に特徴をもったイヌが、明治になって「日本の在来犬」と認識されるようになったのである。

江戸時代にも、海外からイヌが移入されてはいた。しかし明治になると、他の動物同様、西洋をはじめとする様々なイヌが積極的に移入された。

イヌと忠誠心　イヌのヒトにないすぐれた能力、例えばそのけたはずれの嗅覚は、獲物やものを探すときにヒトに利用されてきた。しかしイヌのヒトへの忠誠心が、特にイヌを特別な動物としてきた理由として大きいように思う。日本人がイヌを祀ったり供養したりする際も、その忠誠心をぬきには語れない。いい換えれば、日本人はイヌの忠誠心に深く「傾倒」してきたのである。飼っている家畜に一頭一頭名前をつけるのは、この本で扱っている「生類」のうちでは、ウマとイヌであろう。そしてウマとイヌは、特にヒトに忠誠心をしめす動物だといってよいだろう。そうして忠誠心によってヒトの心を動かしたイヌたちは、銅像や石像にもなったものがいる。

しかし、イヌはヒトへの忠誠心が旺盛であるが故に、かえって悪いイメージで語られることもある。イヌの側からヒトを選ぶことはできない。悪いヤツ＝ヒトにもイヌは従う。だから、「あいつは、○○のイヌだ」とは、イヌの忠誠心が悪いイメージで語られるものである。またイヌには、まさに「ハイエナのように」死肉や汚物をあさったりするイメージもぬぐえない。西アジアやインドでは、イヌは汚らわしい動物として忌避されもする。

忠犬ハチ公　忠犬としてもっとも有名なのは、「忠犬ハチ公」であろう。ハチは秋田犬である。あまりにも有名だが、ハチの周辺について少し書いておく。忠犬ハチ公は、はじめから「忠犬」として知られていたわけではない。飼い主の上野英三郎（東大農学部教授）の死後、関係者の間を転々とする。ハチの姿が渋谷駅で頻繁に目撃されるようになるのは、主人の死後二年を経たころだという。しかし渋谷駅のハチは、通行人や商売人から虐待を受けたり、子どもにいたずらされている「哀れなイヌ」だった。ハチの話をきいて日本犬保存会初代会長の斉藤弘吉が訪ね、邪険にされているハチをみた。斉藤はそれを哀れみ、ハチについて朝日新聞に寄稿した（昭和七年）。主人の帰りを待つ「忠犬」としてハチが有名になったのは、この時からである。渋谷で邪険にされていた哀れなハチは、一躍「忠犬」となったのだ。

ハチの忠犬ぶりは、たちまち多くの日本人のこころをとらえた。ハチの最初の銅像は、ハチが死ぬ一年前に立てられた（昭和九年）。生前に銅像が建った動物が、ほかにあるだろうか。しかし、ハチの美談とその称揚は、時代が要請したもののようにも思われる。ハチが有名になったのは、すでに日中戦争がはじまり、日本は大陸での泥沼の戦争に突入していた頃だ。イヌの忠誠心が戦争に利用されたとはいわないが、ヒトだけでなくイヌの忠誠心も道徳的に尊いものだとする時代状況があったのである。

「奇蹟のイヌ」 余談かつ私事だが、ヒトとイヌとの深い関係を身近で感じる出来事があった。筆者の実家（南阿蘇村）の飼いイヌ（名前はマル、四国犬の雑種か？）は、平成二十四年の九州北部豪雨の時、行方不明になった。筆者の母親が必死に探したが、十日たってもみつからなかった。もう諦めかけていたとき、親戚に発見され保護された。行方不明になってから十七日目のことであった。発見された場所は、実家から七〜八キロメートルのところであった。未曾有の豪雨災害と高齢のため（このときマルは十五歳）、帰るべき場所がわからず彷徨いながら、自分の家（主人の家）を必死に探していたのだろう。発見されたとき、マルの衰弱は甚だしかったが、奇蹟の生還を果たした。もともとこのイヌは捨て犬で、保健所の職員に連れて行かれるところを、妻が拾ってきたイヌである。このことも考えるとマルは、まさに「奇蹟のイヌ」だった。平成二十五年の初冬、肺炎をこじらせてマルは死んだ。家族で丁重に葬った。

弘法大師とイヌ 話はかわるが、弘法大師（空海）とイヌの関わりも深い。弘法大師の高野山開山伝説に登場するのが、狩場《かりば》明神のイヌである。弘法大師は延暦二十三年（八〇四）に最澄らとともに入唐《にっとう》し、唐の長安で密教を学んだ。帰国する時、弘法大師は唐から日本の方をみながら、「密教をひろめるのに最適の地に落ちよ」と唱えて、三鈷杵《さんこしょ》という法具を日本にむかって投げた。帰国後、弘法大師は密教の布教の霊地、すなわち唐から投げた三鈷杵が落ちた場所を探しに紀州の山中にはいった。すると山中で、白イヌと黒イヌの二匹のイヌを連れた猟師に出会った。実はこの漁師は、狩場明神が姿を変えたものだった。この、白と黒の二匹のイヌは紀州犬だったという。そしてこの二匹のイヌの導きで、弘法大師は高野山にたどり着き、高野山に金剛峯寺を開山することにしたという。

この二匹のイヌは、狩場明神の使いであった。弘法大師に関わる、全国各地の神社や寺院に白黒二匹のイヌが置かれていることがあるが、それはこの話に由来する。狩場明神は、高野山の地主神で、狩猟の神である。この神様は、和歌山県かつらぎ町の丹生都比売《にうつひめ》神社に祀られている。ちなみに、イノシシの項で熊野権現について述べたが、熊野権現も狩猟の神であった。紀伊国には、狩猟の神が多い。この弘法大師を案内したイヌは、神の使いで特別な霊力を持ったイヌである。こうしたことから、この一対のイヌも信仰の対象となった。

阿波市の犬墓　ここで、弘法大師ゆかりの「イヌの墓」をひとつ紹介しよう。徳島県阿波市市場町に「犬墓」がある。徳島道の脇町インターから、一〇キロメートルほどのところ。吉野川流域の山村の一角である。実際にイヌの墓といわれるものがあるのだが、ここの地名も阿波市市場町犬墓なのである。

犬墓には大師堂も建っているが、そこの案内板には次のようにある。

犬墓の大師堂

犬墓の地名は、弘法大師が連れていた愛犬を葬ったところから起こったと伝え、墓は享保（一七一六〜三六）の頃、犬墓村庄屋松水慎大夫が造ったという。それは一辺三十四センチメートルと四十センチメートルの基礎石に、径三十六〜四十七センチメートル、高さ二十三センチメートルの楕円形の自然石を置いてある。基礎石に「戌墓」と刻まれ犬の像と水瓶（飲み水を入れる器）が浮き彫りにされている。

南向きのお堂の建立は比較的新しい。東向きのお堂にも石造の弘法大師像が祀ってある。江戸時代の地図には、四足堂（雨露をしのぐために四隅に四本の柱を立て、屋根を葺いただけの簡素な建物）とある。旅の人たちの憩いの場所だったのだろう。現在は間口四間、奥行三間の建物で大北集落集会所になっている。

弘法大師の足跡には、このようなイヌの墓もあるのである。この弘法大師とイヌの関わりを窺わせるものは、さきの高野山に案内したイヌの話から派生したものであろう。

羽犬の塚（墓）　最後にもうひとつ、伝説のイヌの墓を紹介してこの項を終わりたい。

ＪＲ鹿児島線に羽犬塚《はいぬづか》という駅がある。「羽犬塚」は、福岡県筑後市内にある地名である。ここには、文字通り羽を持ったイヌの塚＝墓が存在する。これを羽犬塚といい、地名の由来となった。

羽犬塚は八女丘陵の西部、山ノ井川（藤島川）の中流域に位置する。古くから九州街道（坊

⑩筑後市の宗岳寺境内の犬之塚（右）

⑪JR 羽犬塚駅前の「羽犬の像」

の津街道）の要地として、往来の盛んな所であったらしい。羽犬塚という地名は、天正十五年（一五八七）「豊公薩摩下向の時、御供の犬に翅生したるを此地に埋め塚に築きたるよりかく号した」（『筑後秘鑑』）からという。秀吉の九州平定にまつわるはなしである。そして宗岳寺《そうがくじ》に、そのイヌのものと伝えられる塚（墓）もある（写真㊿）。しかし、「羽を持ったイヌ」は非現実的で、地名も古代の駅路の「駅馬《はゆま》塚」などの転訛ではないかといわれる。

羽を持ったイヌは確かに非現実的ではあるが、ヒトの想像力をくすぐるとみえる。というのは、筑後市内には、数基の「羽犬」の像があるからである。写真は、JR羽犬塚駅前にある羽犬の像である（写真51）。そして、羽犬塚の由来についても、さきの秀吉との関連のはなしのほか、賢い犬がいて人びとから可愛がられて惜しまれて葬った、暴犬がいて人畜に被害を与えていて成敗された、などの俗説が伝えられている。しかし、立派な塚があるからには「悪いことをした犬の墓とは思われない。町名の起こりを伝える大切な犬の墓として郷土の誇りを伝える愛犬の墓として保存しよう」（宗岳寺護持会）ということになっている。

シカ――鹿墓

鬼と獅子、荒ぶる　平成二十六年（二〇一四）四月十五日の『大分合同新聞』に「鬼と獅子、荒ぶる」という見出しの記事が掲載された。これは大分県国東市国見町の岐部《きべ》神社（写真52）で行われた「岐部子供獅子舞」に関するものである。この獅子舞は、何と六五〇年も前から伝わるものだという。田畑を荒らすイノシシを鬼に化けたシカが退治したといういい伝えが、獅子舞となって現在まで伝えられた。地元の男子小学生六人が、鬼の面をつけたり、イノシシを表す獅子に扮して両者が闘う様子を演じた。

岐部獅子舞保存会によれば、この舞は五穀豊穣や無病息災を願い、春と秋の同社の大祭で奉納される。笛や太鼓などの音が鳴り響く中、小学生扮する鬼（シカ）と獅子（イノシシ）が何度も体をぶつけ合って闘う。最後は鬼が手に持つ木と竹の棒で獅子を押さえ込むことで、獅子が退治されて終わる。この獅子舞では、シカとイノシシが相争っているのである。

岐部の鹿墓　獅子舞が奉納される岐部神社は、国東市国見町大字岐部に鎮座する。岐部と聞いて思い出された方もあると思う。そう、あのペトロ・カスイ・岐部は、この岐部村の人である。ペトロ岐部は、戦国時代から江戸時代初期のカトリックの司祭で、エルサレムを経由してローマを訪れた。禁教後にもかかわらず帰国し、最期は殉教した。平成二〇年（二〇〇八）、カトリック教会の福者に列せられた。岐部神社の近くには、このペトロ岐部を顕彰する像と公園がある。

その岐部の集落は、国東のその他の集落と比べてとくに大きい訳ではない。しかし、そんな小さな集落には似つかわしくないほど、この岐部神社の社殿は大きく立派だ。社殿の周囲は、まるで大寺院のように立派な白壁でぐるりと囲まれている。

この岐部神社付近は、小字名を「鹿墓」という。そしてこの地名の通り、そこには高さ約二メートル、先端が尖った自然石でできた鹿の墓（写真53）があるのだ。自然石の堂々たる石塔は、ほぼ三角錐に近い形をしている。正面には、これまた堂々たる字で「鹿墓」と刻まれている。この墓のいわれは、さきの獅子舞の由来とほぼ重なる。六〇〇年以上前というから、室町時代

52国東市の岐部神社

53岐部の「鹿墓」

の初めころになる。このあたりにはイノシシがしきりに現れ、田畑を食い荒らしていた。百姓たちは、イノシシの被害に悩まされていた。そこへ二頭の鹿があらわれ、村びとの窮状を聞き、二頭のシカはイノシシを退治することになった。はたして、イノシシが現れると、二頭のシカはそれぞれ鬼に姿を変え、並はずれた力で、見事イノシシを退治した。それ以来、岐部村をはじめ、国東半島にはイノシシが現れなくなった。村びとは二頭のシカに感謝し、シカの死後、一頭は岐部神社に、もう一頭は小江《おえ》という集落に、神として祀ったという。

岐部神社と二頭の白鹿　手元に明治中頃に刷られた、「岐部神社境内全圖」（『大日本帝国大分縣社寺名勝図録』修翠館銅版部製、明治三十七年）という銅版画のコピーがある（写真㊹）。岐部神社を尋ねたときに、二番目の鳥居脇にお住まいの方から頂いたものである。その図右下隅には、岐部神社創建の由来と境内ほか周辺の岐部神社ゆかりの地の説明が書かれている。それは次のようなものである。

抑モ當神社ハ往昔、武甕槌神・経津主神、花園ニ降臨スルノ神宣ニ因リ、時ノ祭主走テ其地ニ到レバ幣帛三基、厳然トシテ併列シ、其傍ニ白鹿弐頭逍遥スルヲ視ル、乃チ神宣ヲ畏ミ其地ニ奉祭セシヲ創立トス、其後四十四代元正天皇ノ養老四年庚申十月、今ノ堺内移シ、而シテ天御中主神・高皇産霊神・神皇産霊神・保食神・素盞嗚男神ヲ併セ祭ル、素盞嗚男神ハ人皇七十七代後白河天皇ノ保元三年戊寅十月併セ祭ル所ナリ、即チ天大将軍ト称スルハ武甕槌神・経津主神ニシテ、花園ハ其降臨ノ古跡、牛頭天皇ト称スルハ素盞嗚男神ニシテ、元宮

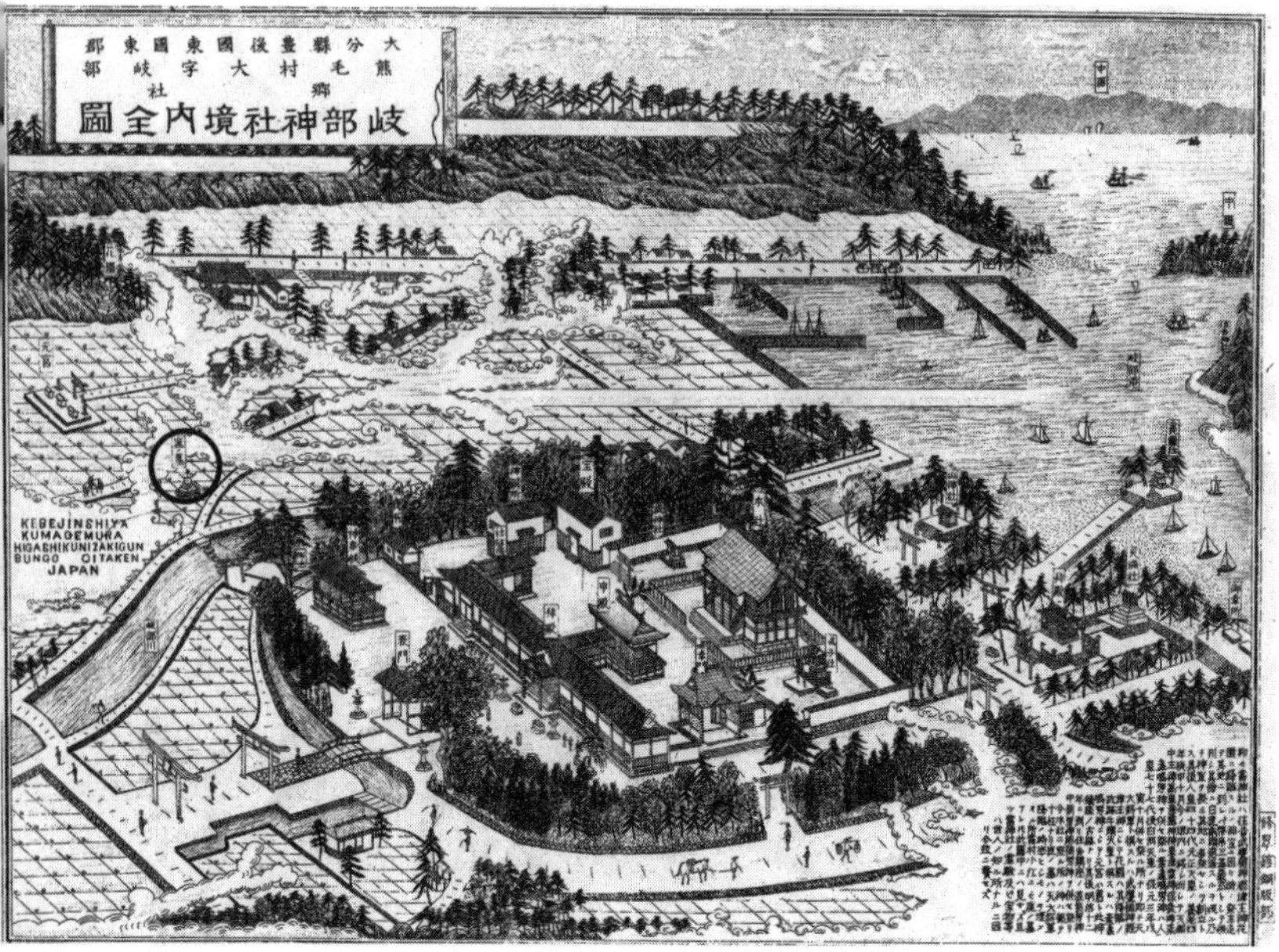

㊹岐部神社境内全図（○内に「鹿ノ墓」がみえる）

ハ旧ト此神鎮座ノ古跡ナリ、其御明治十二年ニ住吉鎮座ノ表筒男神・中筒男神・底筒男神ヲ併セ祭リ、今本社ニ祭ル所ノ神ハ都テ十柱ナリ、鹿ノ墓ハ天大将軍降臨ノ時率ヒシモノヲ埋メタル所、當村小江ニモ鹿ノ墓アレドモ此圖ニハ見サズ《（ママ）》、且ツ當神社ノ霊験及ビ宝物等ハ世人ノ知ル所ナルニ因リ今茲ニ贅セズ

要するに、現在岐部神社に祀られている十柱の神のうち、最初に降臨したのが武甕槌《たけみかづち》神《のかみ》と経津主神《ふつぬしのかみ》であった。降臨したのは、「花園」という、岐部神社からほど近い丘の上。この二神が降臨したという「神宣」を聞いた「祭主」（神主）が、「花園」に行ってみると、幣帛《へいはく》が三基建っており、白鹿が二頭歩いていた。こうして、この場に武甕槌神と経津主神を祀ったのが、岐部神社のはじまりとい

う。それは、養老四年（七二〇）のことであった。

二頭の白鹿は、「天大将軍」＝武甕槌神と経津主神が降臨したときに連れてきたのである。そしてのち、鹿が死んだときにそれを埋めた場所が「鹿墓」である。さらに岐部村小江にも鹿の墓があるが、この図では見えない。

「岐部神社境内全圖」をみると、岐部の鹿墓は岐部神社と岐部川をはさんで西側の水田の中にある。現在も、ほぼ同じ場所に建っている。「岐部神社境内全圖」では鹿墓は、五輪塔になっているが、実際には違う。それと分かりやすいように、図では五輪塔にして示したものであろう。

降臨した神と白鹿

ところで武甕槌神と経津主神、それに二頭の白鹿はどのような関係なのか。

武甕槌神は、『古事記』『日本書紀』に登場する神で、雷神でありかつ剣の神とされる。『日本書紀』において、葦原中国平定の段で下界に降ろされる二柱が、武甕槌と経津主である。また出雲の国譲り神話でも、出雲に降りたって十握《とつか》の剣を砂に突き立てて、オオクニヌシに国を譲るようせまるのも、この二神である。また同じくだりに、二神が討つべき相手として天津甕星《あまつみかぼし》の名があげられ、これを討った神が香取に座するとも書かれている（ただしこの星を服従させたのは建葉槌《たけはづち》命《みこと》である）。

こうして二神は、剣の神、軍《いくさ》の神として、しばしばペアであらわれる。そしてまた、ともに祀られることが多い。武甕槌神は鹿島神宮（茨城県）に経津主神は香取神宮（千葉県）に祀られている。このふたつの神社は、利根川をはさんで相対する位置にあるのである。鹿島の武甕槌神は、もともと常陸《ひたち》国（茨城県）の多氏《おおのうじ》が信仰していた土着神（国つ神）で海上交通の神として祀られていた。さらに祭祀を司る中臣氏が、鹿島を含む常総地方の出自で、古くから鹿島神《タケミカヅチ》を信奉していたことから、平城京に春日大社が建てられると、中臣氏（のちの藤原氏）が鹿島神を勧請し一族の氏神とした。このとき、武甕槌神は鹿に乗って春日山に降りたのである。

こうして、岐部神社のはじめの二神は、鹿に乗って鹿島・香取から、または春日大社を経由して岐部の地にやって来たものと思われる。二頭の白鹿は、この二神と一体のもの、また二神の乗り物であるから、神聖な生きものとして墓が建てられ今日まで守られてきたのである。

鬼に変身したシカ　冒頭の獅子舞の話にもどるが、イノシシを退治したシカは、いったん鬼に変身してこれを撃退することになっている。神の乗り物であるシカが鬼に変身するところに、国東らしさを感じる。国東は六郷満山とよばれる仏の里である。それと同時に鬼の棲む地でもある。

国東半島のいくつかの寺院では、旧正月に修正鬼会《しゅじょうおにえ》という火祭りが行われる。五穀豊穣を祈る修正会と大晦日の夜に悪鬼を祓う追儺式《ついなしき》、さらに地元にふるくからあった火祭、鬼祭とが融合した行事である。

修正鬼会では、家内安全、五穀豊穣、無病息災などを祈願する。岩戸寺の鬼会では、僧侶扮する赤鬼（災払鬼《さいばらおに》）と黒鬼（鎮鬼《しずめおに》）があらわれる。そして鬼たちは、松明をもって境内や集落をあばれまわる。この鬼たちは、悪鬼などではなく先祖が姿を変えてあらわれたものだという。また災払鬼は愛染明王の化身で、鎮鬼は不動明王の化身ともいう。要するに国東の鬼たちは、災いをもたらすもの＝邪悪なものを払いのける、「正義の鬼」なのである。二頭の白鹿はシカの姿のままではなく、鬼の姿に変身してイノシシを退治する。ここに鬼の棲む地、国東らしさをみることができるのである。

小江《おえ》の鹿の墓　さて、もうひとつの鹿墓がある小江の集落は、この岐部の集落から少し南東寄りにある。岐部神社で地元の方とはなしをしたおり、小江集落の場所を尋ねてみた。するとその方は、海の方を指さし、「山ふたつ向こうが小江だ」と教えてくれた。この時は、えらいおおざっぱな案内だなと思った。

大分県の北東部に位置する国東半島は、こぶのように海に突き出した形状をしている。北が周防灘、東が伊予灘、南が別府湾である。海をはさんで愛媛県や山口県と向かい合っている。丸いこぶのような形状をしているのは、この半島全体が円錐形の火山地形だからである。半島の中心から、尾根と谷が交互に海に向かって放射状に走っている。だから半島を円と見ると、円周にそって現在の道が走る。道は尾根と谷を交互に突っ切っている。だから車が尾根筋を直角に貫くトンネルをくぐると、すぐに集落と海があらわれ、集落をすぎるとまたトンネルである。これをどこまでも繰り返すことになる。国東に住む人には、「山（＝尾根）をいくつ行けば、どこの集落がある」と尾根の数によって場所を特定するのである。このことを理解すると、「小江は、山ふたつ向こうにあるよ」というのは、国東半島の住人にとっては、極めてわかりやすい道案内なのである。

さて、さきの案内の通り、「山ふたつ向こう」に確かに小江集落はあった。現在、この集落の戸数は二〇戸ほどではないだろうか。岐部よりさらに小さい集落で、平地も狭い。今のように自動車道路が整備されていない時代は、おそらく隔絶されていただろうことを思わせる。しかしこれは小江に限ったことではなく、国東半島の多くの集落が同様であった。むかしは、船が集落と集落を結んでいたのであろう。そんなことを想像させるにじゅうぶんな集落だった。

　ちなみに『豊後国風土記』は、この国東の地を訪れた景行天皇の言葉として、次のように伝えている。「この國は、道路《みち》遙かに遠く、山と谷とは阻《さか》しく深くして、往還《ゆきき》疎稀《まれ》なり。乃《すなは》ち國をみることを得つ」と。これは景行天皇が、岐部村にもほど近い伊美《いみ》の郷に着いたときの感想である。天皇はこのとき、海路で豊後国に入りその後陸路で伊美まで来たらしい。國とは、ここでは人の住む集落のことである。つまり景行天皇は、「国東は豊後の国のなかでも遙かに遠い僻遠の地であり、しかも山は険しく谷は深い。人の行き来も稀である。やっとの思いで、集落のある伊美にたどり着いた」といっているのである。

55国東市小江の「鹿墓」

　さて、前置きが長くなった。この小江の集落の中ほどに、鹿の墓があった。傍らには小江の公民館があり、ここが小江集落の中心付近なのであろう。「鹿の墓」と刻んだ石碑は、御影石で新しい。平成五年（一九九三）に、圃場整理のためここへ移したとある。台座は、自然石で古いものように感じた。かつて、近くの水田のへりにあったこの自然石がもとの鹿の墓で、近年ここに移されてきた。そして新しく御影石に「鹿の墓」と刻んで建てたものだろう。こちらは、高さ五〇センチ程度である（写真㊺）。いい伝えでは、二頭のシカは雌雄二頭で小江に祀られたシカが雌だったともいう。しかし二頭のうち一頭の鹿の墓が、なぜ岐部村から山ふたつ隔てたこの小江集落にあるのか、その謂われは分からない。

イノシシがいない国東半島　国東半島は平野が少なく、山林が全体を覆い、自然林も比較的広い。従って、野生の動植物も多く、訪れる人は自然を満喫できる。また国東半島は、「六郷満山」とよばれる仏教文化が形成され、「峯入り」とよばれる修験道の荒行が現在も行われている。シカが鬼に化けるというのは、この国東独特の宗教風土に由来すると思われる。

ところで以前、国東市出身の知人に、「国東半島にはシカはいるが、イノシシはもともといない。だから、イノシシが出没して田畑を荒らすなどという話は、あまり聞いたことがない」と聞いたことがある。国東半島では、シカとイノシシが共存してこなかったのである。ただ、近年もイノシシが全くいないのか。また、右の「伝承」がいう六〇〇年前にもイノシシがいなかったのかどうか、それはよく分からない。しかし、シカとイノシシが近ごろまで共存しなかった国東半島に、さきの伝承が残っていること自体、面白い。

しかしよく考えてみると、これは国東半島にイノシシがいないことを「説明するための伝承」だったとも考えられる。通常、シカとイノシシの生息域は交錯する。それなのに国東半島には、シカはいるのにイノシシがいないのはなぜなのか。さきの「物語」は、この疑問に答えるために作られたとも考えられるのである。

そこで、大分県庁にある「森との共生推進室」に、国東半島のシカとイノシシの生息状況について尋ねてみた。この部署は、鳥獣保護や鳥獣被害対策などを専門に行っているところである。担当者に話を訊いてみると、「確かに昭和五十年（一九七五）ころまでは、国東半島にはイノシシはいなかった。しかし、現在は徐々に増えているようだ。ただ、シカについてはその糞などから生息数の推計値を出しているが、イノシシについてはそのような調査を行ってはいないので、具体的にどれくらい生息しているか分からない。イノシシは雑食であるのに対し、シカは草食なので餌は競合しない。従って、シカが増えたからイノシシが減少するということはない。イノシシとシカの生息域は、重なっていることが多い。だからなぜ、国東半島にシカがいてイノシシがいなかったかの理由はよく分からない。また生息域は変化するから、歴史的にみて、国東半島にずっと長い間、イノシシがいなかったかどうかも分からない」というようなお話だった。

ところで『延喜式』には、奈良〜平安時代に利用された動物の皮革や脂、角や内蔵などが記載されている。さらにその産出状況も記されている。それによれば、シカとイノシシは、本州・四国・九州のかなり広い範囲からもたらされていた。九州に限っていえば、豊前国（大分県北部から福岡県東部）と筑前国（福岡県西部）からはシカとイノシシが両方、豊後国（大分県）と肥後国（熊本県）からはシカがもたらされている（肥前・日向・薩摩・大隅は記載なし）。国東半島を含む豊後国は、古代からシカの皮などの供給地だったのである。『豊後国風土記』にも、由布岳近くに出没して稲の苗を食い荒らすシカの話が出てくる。シカは古くから、いちばん身近な野生動物のひとつだったことは間違いない。

日本人とシカ　ニホンジカとひと口にいっても、エゾジカ、ホンシュウジカ、キュウシュウジカなど、七種類の地域亜種に分類される。高校の日本史の教科書にもあるように、縄文時代人の主な狩猟対象は、シカとイノシシだった。貝塚など縄文時代の遺跡からは、シカの解体された骨が出土する。それらの骨の中には、頭蓋骨が破壊されたり、四肢の骨が螺旋状に割られたりしたものがある。これは肉や内臓だけでなく、脳や髄も食用にしていたことをうかがわせる。縄文時代人の狩猟方法は、おもに落とし穴と弓矢だったと思われる。これはイノシシも同様である。ただ、イノシシをかたどった土製品は出土するが、シカのそれは見つかっていないらしい。このことからは、イノシシは縄文時代人の精神世界に影響（子だくさんで、繁栄の象徴だったなど）を与えていたのに対し、シカは単なる食材としてしかみられていなかったようだ。

弥生時代になると、食糧資源のなかでのシカの比重は相対的に低下する。それは稲作がはじまるからであるが、かわってシカは神聖な動物とみられるようになる。例えば、銅鐸にシカの絵が刻まれている。東京国立博物館所蔵の袈裟《けさ》襷《だすき》文銅鐸（国宝）には、弓矢をもった人物が、シカに矢を向けている絵がある。銅鐸は農耕儀礼に使用された。だから、シカは農耕に関係のある動物なのである。一説には、シカの角が毎年生え替わることが、稲のみのりとが重なって意識されたからという。また豊饒を祈って、水田にシカの血を捧げる儀礼（供犠）もある。

古墳時代になっても、シカは形象埴輪のモチーフとなった。また古代においては、太占《ふとまに》という占いが、ときに国政にも影響をあたえることがあった。この占いは、卜骨《ぼくこつ》といわるシカの肩甲骨を用いることが多かった。このため太占は、鹿卜《かぼく》ともよばれた。

春日信仰とシカ　ところでシカといえば、奈良公園を思い出さずにはいられない。ここは興福寺の旧境内で、ここから春日大社や東大寺にかけて、多くのシカに出会う。このシカたちは春日の神の使いとされ、長い間保護されてきた。春日大社の社伝によれば、春日の神が常陸国（茨城県）の鹿島宮から春日の三笠山に移るとき、シカに乗ってやってきたという。神は常陸国から三笠山に来るあいだ、シカを御馬《みま》にしたとされる。

もともと春日野には、野生のシカが生息していたらしい。だから、ここのシカは狩猟の対象であった。宮中での新年三が日の供御には、猪宍《イノシシ》とともに鹿宍《カノシシ》の肉も供えられていた。しかし『続日本紀』天平宝字二年（七五八）七月四日に、光明皇后の病気平癒を願い、年末までの殺生禁止令が出された。また、永くイノシシやシカの類の進御をやめるようにとの勅が出た。『続日本後紀』承和八年（八四一）三月一日には、春日大神の神山内での狩猟と伐木の禁制が出された。こうして、春日の神とその使いであるシカという観念が、シカ狩りの禁止化とともに形成されていった。そして平安時代になると、春日参詣の折、シカに出会うことは吉兆だとされるようになる。さらにシカの夢をみることも吉兆となる。

このシカの非狩猟獣化と春日の神との一体化は、狩猟世界から稲作世界への移行を象徴的にあらわすものとされる。『播磨国風土記』には、獣の血で稲を栽培する話やシカの血に稲をまくと一夜にして稲が生えたという話がおさめられている。ここではシカは、狩猟獣ではなく、稲作のための獣となっているのである。こうしてシカは、単なる狩猟獣から神聖視される動物へと変わってゆく。

春日の神との一体化によって、シカは神聖視され狩猟の対象から除かれた。そのいっぽうで、東国の日光、諏訪、鹿島のなど神々は、シカの姿で現れ狩猟の神となった。これらの神々は、狩猟と肉食を正当化するわけであるが、その論理はイノシシやクジラの項で紹介した、またしても「諏訪の勘文」のそれである。これらの神々の祭では、シカが神に供えられるのである。しかし神がシカの姿となってあらわれることから考えれば、ここでもシカは神聖な動物なのである。狩りの対象から除かれても、狩りの対象であっても、シカは神聖視される不思議な動物といえる。

景行伝説と国東半島　『豊後国風土記』には、いわゆる景行伝説が随所に見える。景行伝説とは、景行天皇による九州巡幸と武勇伝を伝えるものである。景行天皇は、各地で「まつろわぬ」者＝ヤマト政権に従わない者を次々に征服していく。景行天皇の実在は疑わしい。しかしこの伝説には五世紀後半ころ、ヤマト政権にって九州の豪族たちが征服されていく過程が、ある程度反映されてるといわれる。つまり、景行伝説そのものはのちの創作であるとしても、その下敷きになったのは、九州に討伐軍として出陣した豪族たちの伝承であろうといわれる。

『豊後国風土記』において、景行天皇が国東にやって来たときの逸話はすでに紹介した。この時、景行天皇は周防国（山口県）から船で豊後国に入っている。ということは、九州征討軍も船で豊後国に入った可能性をうかがわせる。そして、九州進出の主導権を握っていたのは、多氏・物部氏・中臣氏などであったという。多氏と中臣氏は、鹿島の神を祀っていた一族であったこともすでに述べた。

想像をたくましくすれば、岐部に降りたった二神と二頭の白鹿は、この鹿島の神を祀った中臣氏（藤原氏）または多氏との関連を示しているのではないか。中臣氏もしくは同氏が派遣した九州討伐軍は、船で国東半島の岐部付近に上陸し、岐部を前線基地または中継基地として豊後国ほか九州に勢力を拡大したのではないだろうか。こう考えると、白鹿二頭が岐部に降りたったという伝説の謎が読み解けるような気がする。ただ、それならばなぜ、社名を春日社にしなかったのかという疑問が残る。しかし筆者は、これ以上この問題に立ちいるための資料を持ち合わせていない。

第五章

日本人と動物と生類供養

日本人と動物のかかわり

外国人がみた日本人と生類　ルイス・フロイスの『ヨーロッパ文化と日本文化』には、「われわれの間では人を殺すことは怖ろしいことであるが、牛や牝鶏または犬を殺すことは怖ろしいことではない。日本人は動物を殺すのを見ると仰天するが、人殺しは普通のことである」とある。日本人は人殺しはするが、動物を殺すことを怖れる、というのである。フロイスが日本に滞在したのは、戦国時代である。日本の歴史の中で、戦国時代はもっとも人命が軽視された時代のひとつである。だからこの文章は、それほど「人命が軽視されていた」と読むべきあろう。いっぽうで、日本人の動物殺しを忌避する態度も、フロイスは感じ取っていたのである。

時代はずっと下って幕末・維新期。渡辺京二の『逝きし世の面影』は、幕末から明治期（長い江戸時代が経過したあと）に日本を訪れた外国人の目を通して、「近代化」によって日本人が捨て去った過去＝「逝きし世」の意味を問い直した名著である。この著書の第十二章は、「生類とコスモス」と題して、近代以前の日本人と動物との関係性を論じている。そして、当時日本を訪れた西洋人の多くが、自らの動物観と日本人のそれと、また動物との接し方の大きな隔たりに驚いている。いくつか紹介してみる。

まず外国人たちは、日本の家屋の中に昆虫や爬虫類、コウモリやネズミがいわば「同居」していることに驚きと戸惑いをみせる。外国人、とくに女性たちにとって、家の中にムカデやヘビが現れるなどという事は、絶えがたい苦痛であった。しかし日本人は、そのような動物たちを、招き入れる事はしないまでも、家の中から徹底的に駆除することはしなかった。これには、筆者自身にも思いあたることがある。筆者の故郷である阿蘇では、アオダイショウを「ヤワタリヘビ」といった。「ヤワタリ」とは、「家渡り」と書くのだろう。家々を渡り歩く「ヤワタリヘビ」は、家の守り神であった。だから追い出したり、ましてや殺したりはしなかった。もちろん、これはかなり昔の話。

渡辺の本にもどる。つぎに外国人たちは、江戸のイヌの多さにも驚いている。江戸のイヌの大部分は特定の飼い主がいなく、町内で養われている犬であった。要するにイヌは、無主でかつ「公共の所有物」であった。そして江戸の人びとは、こうしたイヌに対してとても寛容だったという。例えば人力車夫たちは、路上のイヌやネコを注意深く避けるのだった。それはあたかも、人力車夫が路上の子どもを避けるのに似ていた。「(人力車夫たちが)動物に対して癇癪を起こしたり、虐待するのを見たことがない」と書き残したのは、あのエドワード・モースであった。こうした動物への寛容さは、江戸だけではなかった。長崎でも、「犬たちは人間同様に扱われていた」という。

ウマについても面白い。まず外国人にとって、日本のウマは癖が悪いので有名だった。癖が悪いのは、日本では牡馬を去勢して飼い慣らさないことにあった。また日本人が、ウマを「調教」しないことに外国人は驚いている。だから「日本の馬はよく人を噛んだり、蹴ったりする」のだといい、これに辟易しているのである。日本人がウマを調教しない理由は、日本ではほとんど馬方が手綱を引いてウマを使うから、その必要性を感じなかったことがあげられる。そして調教しない方が、ヒトもウマも楽だと考えていたからだという。日本のウマは、十分に甘やかされていた。「馬が死ぬとりっぱに葬られ、その墓の上には墓石が置かれる」光景を記録した外国人もいる。また日本には牛馬を食する習慣がなかったうえに、例えば足を骨折して使い物にならなくなった牛馬を殺すこともなかった。牛馬だけではない、ほかの家畜も殺さなかった。それは、仏教の殺生戒によるというよりも、何より家畜が家族の一員であったからなのだ。

西洋人の動物観

外国人が日本人の動物に対する態度を見て驚いたのは、彼らの動物観と日本人のそれが大きく隔たっていたからにほかならない。では、西洋人の動物観とはどのようなものか。これに詳しい池上俊一は、西洋世界の動物観を次のようにまとめている（『西洋世界の動物観』）。

第一に、動物とヒトを峻別する。聖書の「創世記」には、「神は言われた―我々にかたどり、我々ににせて、人を造ろう。そして海の魚、空の鳥、家畜、地の獣、地を這うものすべてを支配させよう」とある。動物は悪霊にとり憑かれた悪しきものであり、神の聖なる力（人間）によって征服されるべきものである。第二に、動物を暴力的な動物と従順な動物、善き動物と悪しき動物、賢明な動物と愚かな動物、悪魔的動物と聖なる動物とに峻別する。第三に、動物を野獣と家畜に峻別して、空間的にも区別しなければならないとする。そして野獣は遠くにおき、家畜は人間の住居の近くにおく。第四に、動物を細かく分類し、系統化ないし階層序列化することを必要とする。

右のような動物観によって、どのような事態が起こるのか。例えばヨーロッパ中世においては、森のなかのオオカミやクマなどの野獣は、人間の仇敵で悪魔に類するとされた。いっぽう、農民たちにとっては労働をともにするウシやウマは、格別に貴重な動物で、思いやり尽くす対象であった。その中間に、集団的に囲われた動物、すなわちヒツジやブタや家禽類がいた。こうしてこれらの動物は、上からウシやウマ、ヒツジやブタそれにつぎ、オオカミやクマはいちばん下という具合に序列化されるのである。また貴族たちにとっては、狩猟に有用なイヌやウマは家畜以上の存在であり、野生世界（オオカミ、クマ、イノシシ、シカなど）を征服する人間の仲間であった。ここでも動物の良し悪しが峻別される。

要するに西洋人の動物観は、ヒューマニズムという人間中心主義と、動物を細分して善悪をつけるところにその特徴がある。こうみてくると、牛肉や豚肉を普段に食べながら、捕鯨に対してはヒステリックに反応する彼らの態度も、いくらか理解できるような気がする。クジラはおそらく、西洋人にとっては上位に位置する動物なのであろう。これに対し、ヒトも哺乳類も昆虫も魚類もすべて「生類」とする日本人の動物観とは、やはり大きく異なっているといわねばならない。

親和的なヒトと動物　渡辺京二の幕末の外国人のはなしにもどろう。幕末維新期の外国人たちの観察から導かれる結論とは何か。結局日本人は、「人間を他の動物と峻別して、特別に崇高視したり尊重したりすることを知らなかった」ということになる。渡辺はこれを、「日本人は未だ、西欧流の〝ヒューマニズム〟を知らなかった」と言い換えている。さらに「この世の万物のうち人間がひとり神から嘉《よみ》されているという、まことに特殊な人間至上主義を知らぬということを意味」する、「徳川期の日本人は、人間をそれほどありがたいもの、万物の上に君臨するものとは思っていなかった」ともいっている。日本人にとって、すべての生類は（ヒトもふくめて）、大自然のなかでは「平等」であり「仲間」なのであった。さらに、江戸時代には、「人と生類とがほとんど同じレベルで自在に交流する心的世界があった」という。そしてこの章の終盤には、虱《しらみ》をも「ともに生きる仲間」とする文化文政ころの「学者肌の人物」が紹介されているが、ここでは筆者もついほくそ笑んでしまった。

ではなぜ、日本人は動物とかくも親和的であったのか。逆にいえば、敵対的でなかったのか。ひとつには、日本にいる動物は、概ね小型でヒトを襲って喰うような動物が少なかったことがあげられよう。それは例えば、ヨーロッパのオオカミと日本のそれのイメージの違いの大きさにあらわれている。ヨーロッパのオオカミは大きく、日常的にヒトを襲った。ヨーロッパのオオカミのイメージは、「赤ずきんちゃん」や「三匹の子ぶた」のそれである。日本でもオオカミがヒトを襲った話がないではない。しかしニホンオオカミは小型で、かえって狩りの対象となることが多かった。アジアでも大陸には、トラやヒョウがいる。インドでは今でも、トラに襲われて命を落とす人がいる。さらにアフリカについては、あえて触れるまでもなかろう。

これについては塚本学も「（日本の動物は）概して小型であり個々にはヒトより強大なものが少なかった。鳥や虫、また魚介類をはじめとする小型の動物は種類も個体数も多く、とくに魚介類はヒトの食料として、つねに大きく利用できた」と指摘している（『江戸時代人と動物』）。

なぜ日本人は、「生類」を「供養」するのか

生類とは何か　生類とはいうまでもなく動物である。あの有名な生類憐みの令でも、イヌだけでなく、牛馬などのほ乳類はもちろん、蚊やその幼虫のボウフラまで「憐み」＝保護の対象となった。ほ乳類から鳥類、そして昆虫も含まれていた。

ただ、本書で取りあげた生類は、イノシシ・クジラ・イナゴ・クマ・ウミガメ・サカナ・ウシ・カイコ・ツル・ウマ・シカ・イヌの一二種類である。これは筆者が適当に選択した生類ではなく、少なくとも大分県内に実在する供養塔や墓がある生類について書き起こした「結果」の生類たちである。

日本人の古くからの動物観は、「生類」ということばで表現されてきた。そしてヒトもまた、生類の中の第一のものとはいえ、生類のひとつであった。そしてヒトと動物は質的に異なるものではなく、「転生」をくりかえし生まれかわるものであると思われた。さきにあげた「人間を他の動物と峻別して、特別に崇高視したり尊重したりすることを知らなかった」という文章は、まさにこのことをいっている。日本人の動物観の根底には、輪廻転生という仏教的概念が大きく横たわっていることは間違いない。それは、ヒトだけが霊魂（精神）をもち、神は、ヒトの食用その他の用に供するために、他の動物をつくったとみるキリスト教的人間観・動物観と大きく異な

るものであった。であればこそ、幕末明治に日本を訪れた外国人たちは、日本人の動物との接し方に驚きのまなざしを向けたのであった。

供養とは何か　それでは、「供養」とは何か。もともと供養とは、サンスクリット語のプージャナー（pūjanā）の訳で、仏、菩薩、諸天などに香華・燈明・飲食物などの供物を捧げることであった。ただ日本の民間信仰では、死者・先祖に対する追善供養のことを供養ということが多い。追善とは、死者の冥福をいのって法会などの善事をおこなうことである。こうして、仏教そのものと関係なく、死者への対応をひろく供養とよんでいる。針供養などのように、無生物の道具類に対しても供養を行うが、これは長く使った道具類にも神や霊魂が宿るという付喪神《つくもがみ》の信仰から派生したものであろう。

もともと供物を仏に捧げる行為が供養である。そして、供養のために供養塔を建てる。供養塔は、塔であってもともとは寺院の塔と同じものである。墓にたてる卒塔婆は、五重塔を簡略化したものである。塔を建てる行為は、死者への思いを形であらわすものである。供養塔は、死者が亡くなって何年もたってから建てることも多い。また、遺体の埋葬地である墓とはまったく関係のないところ、供養するのに便利のよい場所に建てる。それに対して墓は本来、遺体を埋葬した場所である。墓は、葬儀が済めばすぐに営まれる。しかし、実際に埋葬していない場所に墓石をたてて拝むことは決して珍しいことではない。日本では、いわゆる両墓制といって、遺体埋葬地とは別に墓石をたてて跪拝する習俗がみられる（両墓制をめぐっては批判もある。たとえば岩田重則『「お墓」の誕生』）。

生類の墓についても、実際にそこに生類を埋葬したかどうかを確かめることは難しいものがある。例えば、クジラなどのように大きな動物になると、せいぜい遺体の一部を埋葬するのが関の山であろう。また国東の鹿墓のように、神の乗り物を実際に埋葬したとは思えない。従って、供養塔と墓はもともと別なのものであるが、墓を造って供養（慰霊）をすることもあったと考えられる。

こうして、供養塔や墓石が盛んに建てられるようになるのだが、それは江戸時代以降のことである。供養塔や墓石に文字を刻んで建てるには、それなりの蓄えが必要であることはいうまでもない。供養塔や墓石が江戸時代になってさかんに建てられるようになったのは、生産力の向上が背景にあることは間違いない。魚鱗塔は網元の名前が刻まれていたり、虫の供養塔には庄屋の名前が刻まれていたりする。建立主体が不明の場合でも、社会の上層のものたちが主導して建てた場合が多いと思われる。

江戸時代に供養塔が建てられるようになった理由はほかにもある。クジラを例にとれば、捕鯨が本格化するのは江戸時代になってからである。捕鯨は江戸時代になって組織的に展開し、したがって獲るクジラの数もそれまでとは比較にならないほど多くなった。いい換えれば、クジラの生命を絶って、その命をわれわれヒトがいただく機会が大幅に増えたのである。

殺生と供養　「はじめに」でも述べたように、現代人は動物の死から遠ざかっている。ウシやブタを食する機会は多くなったが、それを殺す現場にたちあった人は少ない。

宮沢賢治の作品に「ブランドン農学校の豚」というのがある。農学校で飼育されたブタが、校長から家畜として殺されることについての同意書に署名させられる。そして学生たちの前で殺されるまでを、ヒトとブタの両方の立場から書いている。ブタの側からこの物語を読むと、何とも残酷なはなしである。宮沢賢治は、ブタを殺す現場にたちあったことがあって、そのあとこの物語を書いたという。その行為に対する罪悪感が、物語を書かせたのである。そして宮沢賢治は、これがきっかけでベジタリアンになったという。

宮沢賢治の例を引くまでもなく、ヒトは生き物を殺せば、個人差はあれ罪悪感を感じる。いわゆる「殺生罪業感」というものである。それは、動物の死に多くかかわる者ほど募ることは、これまたいうまでもなかろう。

こうしてこの罪業（罪悪）感から、どうしたら解放されるかとヒトは模索する。そして罪悪感から解放、もしくは罪悪感を消去する「装置」が必要となる。その装置のひとつが、「諏訪の勘文」であり、それは「生類はヒトに食べられてはじめて成仏できる」という論理だった。そして生類供養もまた、その「装置」ひとつだった。

生類を供養する意味は、その生命を絶っていただくことについての罪悪感を消去することにある。と同時に生類の「タタリ」を恐れ、それを「鎮める」という意味合いも大きかった。それは、クジラやクマ、そしてウミガメなどで濃厚だったことはすでに述べたとおりである。しかし罪悪感の消去と、タタリを鎮めることを、ことさら区別することはあまり意味がないのかもしれない。罪悪感があるから、タタリを恐れることになるからである。罪悪感とタタリを恐れる心性は、分かちがたいのである。

もうひとつ、輪廻転生という、仏教的観念の精神への浸透も生類供養という習俗を拡散させた。生類を殺生することは、ヒトの生まれ変わりを殺生していることに通じる。ヒトは転生して、虫にも畜生にもなることがある。逆にいえば、われわれがそこに見ている虫や畜生＝生類は、ヒトの生まれ変わりなのである。だからむやみに殺生するわけにはいかないし、供養しなければならないのである。供養は、ヒトを含めた生類全般（時には無生物に対しても）に対して行われる行為である。

草木供養塔　供養する対象は、生類ばかりではない。日本人は、草木、つまり植物も供養する。しかしこの草木供養は、山形県置賜《おきたま》地方に集中している。草木供養塔は全国に一二〇基ある。そのうち山形県内で一一〇基、うち置賜地方に八五基ある。この地方で草木供養塔が建てられるようになったのは、安永元年（一七七二）の米沢藩下屋敷の類焼、同じく安永九年（一七七二）の米沢城下の大火がきっかけだったという。ふたつの火災によって大量の材木が伐採され、植林や森林の保護が取り沙汰されて、草木供養塔が建てられるようになった。そして古い草木供養塔には、「草木国土悉皆成仏」という銘文が刻まれていることが多いことから、その建立に僧侶が深く関わっていた。ただ一二〇基ある草木供養塔のうち、江戸時代のものが三四基、明治から大正のもの二一基、昭和から平成のもの六五基で、昭和以降のものが半数以上をしめる。そして平成二年（一九九〇）に開催された、「大阪国際花と緑の博覧会」以降に建てられたものが四一基にのぼるという。当初は仏教思想にそって、草木を供養するという意味で建てられたものが、現在では「花々や木々に感謝する」「草木を大切にして環境を守りましょう」というような意味に変化してきているという。

また、生類ではない日用の道具類の供養も盛んに行われている。針供養や筆供養、包丁供養や算盤供養などなど。これはさきに触れた、付喪神信仰の延長であろう。長い間使い続けた道具には、神や霊魂がやどる。そんな古びた道具を粗末にすると、道具は化けて妖怪となる。古い道具も粗末にしないという知恵が、付喪神信仰を生み出したことは間違いない。もうひとつ、道具供養の底流には、日本人特有のアニミズムの痕跡もみることができるであろう。すべてのものに霊がやどるいう観念は、いまでも巨石信仰や巨木信仰にみられる。大きな樹木や岩に注連縄が張られている光景は、珍しいものではない。そしてそれらはいま、パワースポットになっていることもままある。日本人は生物と無生物とにかかわらず、そこに霊がやどると考える傾向が強い。

供犠《くぎ》と供養　罪悪感を消去する「装置」である。「装置」には、供養のほか「供犠」がある。これはいわば、西洋のキリスト教世界の「装置」である。簡単にいえば、動物は人間に利用されるために神がつくり賜うたとするものである。少し長くなるが、動物供犠についての多くの著作がある中村生雄による説明をつぎにあげておきたい。

中村は、ば西南アジアと東南アジアを対比している。西南アジアに発生したユダヤ教（キリスト教）においては、動物を大量に殺して神に捧げる「供犠」が行われる。この供犠で殺される動物は、あくまで神への捧げものであるから、ここでヒトが肉を口にすることはない。これは神との契約であって、この契約を遵守することで人間の動物に対する優位性を神から保証される。こうしてキリスト教世界では、人間中心主義的な自然観が構築されていく。このような西南アジアからヨーロッパの文化を、中村は「殺す文化」また「供犠の文化」とよぶ。

いっぽう東南アジアでも供犠儀礼がひろく分布しているが、生け贄となったブタやニワトリは儀礼の参加者全員で食べられる。ここでは儀礼自体が、農耕労働の節目の楽しみとして行われている。これは、日本における直会《なおらい》にも通ずるものである。直会とは、米などの神に供えたものを祭の最後に氏子と神がそろって共食する行為（神人共食）である。このような東南アジアや東アジアの文化を中村は、さきの「殺す文化」に対して「食べる文化」とした。

さらにこのような違いが生ずることの説明に、「ドメスティケイション」の視点を導入する。「ドメスティケイション」とは、要するに野生動物の家畜化や野生植物の栽培植物化のことである。この「ドメスティケイション」の方法やあり方が、西南アジアと東南アジアでは著しく異なっているという。すなわち西南アジアでは、栽培植物化された小麦も、家畜化されたヒツジやヤギも、もとの野生種とは根本的に異なるように人為的に作られる。これに対し東南アジアでは、ブタや稲はもとの野生種との相違が徹底しておらず、ふたたび野生に戻ることも可能なくらい曖昧なままだという。

このような「ドメスティケイション」の違いが、人間が改変し負荷をかける自然や、人間が奪い取る動物の命への負債の感情のありかたにも違いをもたらす。その違いとは、どのようなものか。ここからは、中村の論を筆者自身のことばで説明してみたい。

西南アジアに生まれた文化とそれを継承したヨーロッパの文化は、自然に徹底的に介入し改変する。植物も動物も、人間に最大に資するよう作り変えられ利用される。いわば人間による自然や動物からの徹底した収奪である。こうして、人間中心主義的な自然観、動物観が構築される。これに対し、東南アジアや日本の文化は、自然への徹底的な介入・改変をしない。人間生活と自然との境界は曖昧なもので、植物も動物も野生種に近いままである。

こうして自然や動物に対する負債的な心情は、西南アジアでは、「供犠」という儀式を通じて消去される。「供犠」では、神の超越した力を借りて人間の自然への介入を正当化する。いわば神と人間が「供犠」を通じて手を携えるのである。これに対し、東南アジアや隣接する東アジアでは、自然への介入行為がはじめから不徹底で、人為と自然の境界も曖昧である。いわば人と自然は対峙しておらず、親和的である。そのため負債的な心情は西南アジアのように強くなく、消去の方法としての「供犠」などの儀礼も徹底していないのである。この違いはまた、西南アジアが狩猟・牧畜文化であるのに対し、東南アジアが農耕文化であることも関係している。東南アジアの農耕文化では、狩猟（牧畜）が必須ではなく、従って西南アジアのように頻繁に動物の命を奪う機会はない。日本の場合も同様である。

自然も動物も、人間に資するために存在する。こうした人間中心主義的な考えに基づけば、動物を殺して食することはなんら罪悪ではなくなる。西南アジアやキリスト教世界では、罪悪感ははじめから感じないで済むのである。供養が、生類の生命を絶ったあとで罪悪感を消去するのと対照的である。

供養を選んだ日本人　この供犠は、一般には西洋特有の儀式と考えられがちであった。しかし供犠は、アジアにも広く見られ、そして日本でも供犠が脈々と伝えられてきたことを明らかにしたのは原田信男であった。原田の『神と肉　日本の動物供犠』は、古代には中国・朝鮮、そして日本でも供犠が行われていたこと。そしてそれは、日本の近世までその痕跡が見られたこと。沖縄諸島では、変容をみながらも現在も供犠があることなどを明らかにして、実に示唆に富む。

しかし縄文晩期に水稲耕作が導入され、弥生時代に急速にひろがった日本では、狩猟という生業は副次的なものになった。また、動物の家畜化も徹底せず、したがって家畜化した動物の肉を食する習慣も根付かなかった。いい換えると日本人は、異常とみられるほどに稲作と米に依存する生活を選択したのである。

その結果、ヒトと生類（動物）と神仏を関係づけ、殺生の罪悪感を消去する装置としては、日本人は供犠ではなく供養を選択した。もちろん、単純に二者択一という話ではない。さきにも述べたように、供犠も日本社会で根強く行われてきた。イノシシやシカの下顎骨を神に捧げる行為は、狩猟生活が主体だった縄文の動物儀礼を引き継いだもので、供犠に近い。しかしそれとても、やはり狩猟を生業とする者たちに引き継がれてきた儀礼である。原田がいうように、稲作がはじまった頃には、稲作のための動物供犠がさかんに行われていたかもしれない。しかし日本人にとって、それはしだいに重要性がうすれていったと思われる。

もうひとつ、寺院の積極的関与もみのがせない。供犠は神に贄を捧げるものであって、どちらかといえば神社に関わりが深い。例えば、すでに何回か登場した諏訪大明神は狩猟の神で、狩猟で獲った獲物（例えばシカの頭部）を神に捧げる儀式が伝統的に行われてきた。また、白鹿権現ももともと熊野権現であって、ここにはシカやイノシシの下顎骨が奉納され、この習俗はいまも衰えを知らない。

いっぽう、クジラ供養で登場した向岸寺や清月庵、大泊の鯨供養の大橋寺のように供養には、仏教寺院が積極的に関与しているものがある。同様のことはサカナ供養でもいえる。魚鱗供養塔に刻まれた文言は、当然のことかも知れないがほとんど仏教用語である。佐伯市の羽出浦の魚鱗塔のように寺院（福聚庵）の敷地内に置かれているものも多い。

供養塔の多くが、江戸時代に造られるようになるのは、それなりの豊かさが背景にあったからである。それとともに、江戸時代は寺請制度の影響もあって、寺院と一般の民衆の結びつきは深化する。とくに葬儀や供養といった面において、それは顕著にみられる。こうしたことが、寺院が介在しながら、生類供養と生類供養塔を造立する習俗が広がっていったのではないかと思われるのである。

神と生類　ところで、生類（動物）を供養、ないしは祀る日本人の心性は、神を祀るそれとよく似ている。神には、守り神と祟り神がある。神はヒトに恩恵とともに災ももたらす。生類にも同じように二面性があって、ヒトに恩恵をもたらすものと、災いをもたらすものがある。そしてこれも神に似ているが、同じ生類がその二面性をもっていることが多い。

例えばクマである。クマの肉は食用となったし、その身体のあらゆる部分が薬として珍重された。いっぽう、クマはヒトを襲うこともあるし、ヒトに祟る動物でもあったのである。ヒトが神を恐れ敬うのと同じように、ヒトはクマの恩恵に感謝しまた恐れたのである。ヒトは神仏を敬うために神社を建て、寺院を造る。同じように動物についても、供養塔や墓を造るのである。もちろん神社や寺院と供養塔や墓は質的に異なるものであろうが、そのような行為をうながす心性は、非常に似かよったものと思うのである。そして前近代の日本人にとって神と仏の区別が曖昧であったことも付言しておこう。

「生類供養」からみえてくるもの

生業と供養塔　生類供養は、生業と密接にかかわっている。イノシシとクマは狩猟、イナムシは稲作農業、ウミガメとクジラ、それにサカナとカイは漁業、カイコは養蚕業という具合である。それぞれその生業の過程において、それぞれの生類の命を奪う場面に行き当たる。行き当たるというより、生類の生命を奪うことでその生業は成り立っているといった方がよい。

ヒトは生類の犠牲のうえに自らの生業が成り立っていると感じるとき、生類たちに感謝する。それとともに殺生には、罪業感がともなう。その罪業感を消去するために、生類たちの供養が必要となる。そしてまた罪業感は、タタリを恐れる心性も生む。タタリを鎮めるためにも、供養が必要となる。こうして日々の生業の成り立ちには、供養という儀式が必要だったのである。

生類供養の地域性　生類供養は、その対象となる生類を分けてみるとき、地域性があることに気づかされる。

全国的に見れば、草木供養は西日本には基本的にみられない。また、ウマの供養は東日本に濃厚である。これは東のウマ、西のウシの分布の違いに深く関係している。また、クマの狩猟は全国的に行われていたが、クマの供養塔や熊塚は、圧倒的に九州に多い。クジラの供養塔は太平洋側に多いが、クジラが高密度で廻遊するところに組織的な捕鯨が成立することと関係する。同じようなことは、ウミガメにもいえることで、ウミガメの供養は日本海側より、太平洋側に濃厚である。いっぽう、イナムシをはじめとするムシの供養塔（虫塚）や、カイコのそれは、全国ほぼあまねく分布するといえる。もう少しエリア限定して九州をながめてみると、クジラとサカナは沿岸部に、クマやシカは山間部に分布しており、この違いはきわめて明瞭である。

こうしてみてくると、やはりこの地域性の問題も、第一には生業、第二には動物の分布状況に大きく関わっているといえるであろう。

「近代化」と供養　このような生業に深く関わる供養は、産業の「近代化」にともなって、いっそう盛んになっていくように見える。とくに供養塔を建てることについては、なおさらである。供養という行為＝儀式は古くから行われていた。しかし、供養塔や生類の墓の建設は、ほとんどが江戸時代以降である。しかも本書で扱ったもののほとんどは、江戸中期以降に建てられている。そして数としては、明治以降にさらに増殖してるように思われる。それはなぜか。

例えばクジラについては、捕鯨が産業化するのは、鯨油が害虫の駆除剤として大量に使用されるようになる十八世紀以降である。このころに捕鯨は組織的に行われるようになり、クジラの最期に猟師たちが立ち会う機会は増えていく。同時に、母クジラの腹から出てくるクジラの胎児を漁師たちが寺に持ち込むことも増えた。

ウミガメについては、漁船の動力船化が大きくかかわっている。漁船がより沖合まで出ていくようになって、ウミガメと出会い、ウミガメを捕獲する機会が増えた。そして、ウミガメの墓も増加する。そして海難事故がおこると、その原因がウミガメのタタリに結びつくことになる。

クマについても、鉄砲（銃）の性能の向上は、クマ猟の効率をあげる。しかし、繁殖力の弱いクマは、乱獲と環境の変化の影響もともなって、その固体数は減少していく。江戸時代の後期、九州ではすでに、山でクマに遭遇する機会は極端に減っていた。そうすると乱獲を戒めるために、クマのタタリ伝承がうまれた。クマの減少と、クマのタタリ伝承と熊塚を建てる習俗の成立は、時期的に重なっているという。

イナムシについても、虫の被害が多発するようになるのは、江戸時代十八世紀以降だった。それは、肥料を多投下して行う、「効率的」な集約的農業が理由である。こうしてムシの害を避けるために、虫追いが盛んに行われ、鯨油をムシの駆除に使う機会も増えた。

時代区分からいえば、江戸時代は近世であって近代ではない。しかし近世は「early modern」であって、この語には「近代的要素が現れてくる時代」という意味も含まれている。もちろん、資本主義が成立して以降の近代とは質的に違う。しかし日本の近代においても、すでに述べてきたように生産力の向上がみられ、生産者の手元にも剰余が蓄えられるようになる。この剰余が、供養塔や墓を建てさせる経済的な条件ともなった。

生類供養の歴史は古いが、生類の供養塔や墓は、実はすぐれて「近代的な産物」ということはできないだろうか。このことは、次の戦争にもかかわっている。

戦争と供養塔　戦争ともっとも深くかかわる生類は、ウマであった。ウマは日本に移入された当初から、軍事と深くかかわっていた。そしてそれ以降、ウマは常に日本の戦場にはかかせない生類であった。戦国大名の名馬の墓があるのは、いかにウマが戦争に重要な存在だったかをしめす。

しかしウマが、大量に戦争に動員されるようになったのは、戦争の規模が大きくなった近代である。近代にはいって、ウマは国家的に管理される。騎馬による戦闘も重要だが、物資を運ぶ後方支援にもウマは不可欠であった。ウマの戦場への大量動員は、その重要性が薄れつつあったとはいえ、第二次世界大戦が終わるまでつづいた。そして兵士とともに戦場におもむき、そして兵士とともに戦場に倒れたウマは多い。

ウマを管理した陸軍は、陸軍墓地にウマの墓標をたてた。ウマを軍需物資として送り出した地方でも、ウマの慰霊碑をたてたところは多い。そして靖国神社は、軍馬、軍犬、軍鳩なども慰霊の対象としている。近代の戦争がまた、生類の供養塔や慰霊碑を大量に生みだしたのである。

伝説と生類の墓　本書で扱ったもので、伝承＝物語にもとづいて営まれた生類の墓があった。なかでもシカとイヌは、国東市の鹿墓にしても、中津市の犬頭太郎の墓にしても、岡崎市の犬頭神社にしても、弘法大師にまつわる阿波市の犬墓にしても、いずれも古い伝承がそれを造らせているのである。しかしどれも実話とは思えないもの。これらの伝承では、どのイヌたちもヒトの及ばない優れた能力を持っている。ヒトはそれに恐れ入り、崇め、祀る。

イヌ以外にも、そうした伝承がみえ隠れするものが多い。紀伊国の熊野信仰とイノシシ、竜神信仰とウミカメ、天神信仰とウシ、オシラサマ信仰とカイコなどなど。様々な信仰と生類が結びついて物語が作られ、伝承されるうちに生類の墓や供養塔が造られていく。これは例えば、捕鯨でのクジラや戦争での軍馬などの現実的な墓や供養塔とは、いちじるしい対象なす。しかし、この現実においても墓や供養塔が造られる。日本人の心性において、こと生類の墓や供養塔に関しては、物語と現実がオーバーラップしているようにみえる。

供養と慰霊　供養と慰霊という語は、もともと違うものである。しかし、いまはあまり区別なく使われている。ある知り合いの僧侶に違いを尋ねてみたが、さほど違いはないということだった。ただ、供養はあくまで仏教上の行為であって、慰霊となると宗教色が希薄になるという。慰霊祭は、さまざまな宗教宗派で執り行われる。例えば仏式の慰霊祭もあれば、神式の慰霊祭もあるという具合である。宗教にこだわる人もあるから、供養祭ではなく慰霊祭にすることも多いらしい。

少し長いスパンで、供養塔と慰霊碑をみてみると、「供養塔」は江戸時代から明治初めに多く造られている。そしてその後も供養塔は造られつづけるのだが、慰霊碑は、明治の後半ころから多くなるように思う。例えば蚕霊塔とが軍馬慰霊碑などは、やはり産業革命と近代の対外戦争以降に造られたものといえるであろう。日本近代の宗教事情を考慮すると、明治初めから神道国教化政策が進められていき、神社神道・国家神道がある程度国民の精神にも浸透していく。そうした国の宗教政策が、供養から慰霊へのシフトに影響しているのではないかと思う。これはさらに実証的に述べなければならない事柄であるが、ひとつの見通しとさせてもらいたい。

増殖する供養塔　東京上野の不忍池弁財天堂の境内には、いろいろ供養塔がある。まず、「鳥塚」

（写真㊱）。これは、昭和三十七年（一九六二）に東京食鳥組合によって建立されたものである。時はちょうど高度経済成長の最中、食鳥の消費量も急速に増加していたと思われる。おびただしい数の鳥肉が、毎日生産され消費される。それを扱う業界団体が、鳥塚を建てた。ここでは、毎年四月十日に供養祭が行われているという。

同じ境内には、魚料理関係の供養碑も多い。まず、昭和三十六年（一九六一）建立の「包丁塚」は、東京・千葉・茨城各県の料理店でつくる上豊調理師会が施主である。「ふぐ供養碑」は、昭和四十年（一九六五）に中央卸売市場内のふぐ料理連名が建立した。「スッポン感謝之碑」も同年に建立されている。「魚塚」は、昭和五十一年（一九七六）に中央卸売市場魚商業協同組合によって造られた。これらの魚関係の碑や塔は、いずれも水産資源への感謝と供養のために建てられた。弁財天境内には、「いと（糸）塚」（写真㊲）や「扇塚」など、無生物の供養塔も多い。

㊱弁財天境内の鳥塚

こうしてみてみると、これらの供養塔は、大部分が高度経済成長期もしくは、そのあとに建てられていることがわかる。大量生産と大量消費が、さまざまな供養塔を生みだしているのである。そして本来の供養から、

㊼弁財天境内のいと塚

生類や道具への感謝という気持ちが増しているように思う。また建立主体も、同業組合が多い。こうした傾向は、東京のみならず、全国的なものと思われる。

さらにペット供養にいたっては、夥しい数の供養塔が続々と造られている。ただし、本書では、このペットの問題にまでは立ちいらなかった。また、医大や総合大学の医学部では、必ずといっていいほど実験動物の供養塔や慰霊碑がある。製薬会社でも然り。

いずれにしろ、供養という習俗自体は古いものであるが、供養塔や供養碑、慰霊碑は戦後の高度経済成長期以降、増殖し続けている。そしてこの供養塔から、日本人の思想、なかでも宗教観や動物観、自然観に接近することができると考える。

あとがき

教師になって、早いものでもう四半世紀が過ぎた。歴史学を学んできた筆者としては、幸か不幸か、勤務校（大分市の私立大分東明高校）には「郷土史研究部」という文化系の部活動があった。そして大分東明高校に職を得て以来、郷土史研究部の顧問を務めてきた。郷土史研究部では、毎年ひとつのテーマを決めて、地元大分の歴史や文化を掘り起こしてきた。そして毎年、大分県高等学校文化連盟（略称「大分県高文連」）社会部が主催する、研究発表会で活動の成果を披露してきた。それがこの部のいつものスタイルだった。発表会では、何度か最優秀賞をいただき、それなりの評価を得てきたと自負している。

ところが、高等学校のこのような「地道だが地味な」部活動は、教育現場の多忙化も手伝って次第に衰退している。戦後、歴史学や考古学の分野で、高校生が主体となってさまざまな成果を世に送った。有名な登呂遺跡（静岡県の弥生集落遺跡）の発掘には、多くの高校生が関わり、高校生たちに考古学ブームを巻き起こした。だから今の停滞状況をみるとき、隔世の感がある。これは大分県だけのことではなく、全国的な傾向といって良いだろう。そうして、大分県高文連の発表会に参加する高校も次第に減少していった。筆者が参加した期間の最盛期には、二〇校以上が参加して、まさに「一日がかり」の発表会だった。しかしその後、参加校は減り続け、ついには二～三校で研究発表という状態にまでなった。特に、それまで大分県高文連社会部の活動をリードしてきた、公立高校の活動が著しく衰退した（私立高校は転勤がないので、顧問がそこにいる限り、部活動は継続される）。そして二〇〇八年（平成二〇）から大分県高文連社会部は、ついに活動休止状態となってしまった。

それ以来、わが郷土史研究部は、國學院大学主催のコンクールや奈良大学主催の「全国高校生歴史フォーラム」などを発表の場とするようになった。奈良大学（奈良市）での全国高校生歴史フォーラムの発表会（全国大会）には、これまで三度参加することができた。研究発表を終えたあと、引率した生徒たちと「ならまち」に宿泊し、さらに翌日行われる「ならまちフィールドワーク」は、とても楽しかった。

話は少しさかのぼる。郷土史研究部は、一九七一年（昭和四六）創部である。もちろんこの創部の時、私はまだ教職に就いていない。だから私は、勤務校では二代目の顧問ということになる（初代顧問は、故板井博睦先生）。「郷土史」という古風な名称も、私が赴任する以前からあったものである。私が顧問となる以前の活動で、郷土史研究部は大分県臼杵市の鯨塚を取りあげていた。そして、そのときの発表資料も残されていた。だから鯨塚（鯨墓ともいう）のことは、ある程度知っていた。その後、勤務校のすぐ近くにある恵美須神社にウミガメの墓があることを知った。そして動物の墓が、大分県内には何種類あるのだろうかと思い、部員の生徒たちと調べはじめた。それが二〇〇六年（平成十八）のことであった。すると、クジラとウミガメ以外にも、サカナやカイ、シカやクマ、カイコやイナゴなどの墓や供養塔が県内にあることが、つぎつぎと判明した。部員の生徒たちと、墓や供養塔のある現場を訪ねて歩いた。そして、この年の大分県高文連社会部の発表大会では「動物供養考」と題して発表し、最優秀賞を獲ることができたのである。そして翌年は、島根県浜田市で行われた全国高等学校総合文化祭でも発表する機会を得ることができた。そのうえここでは、奨励賞をいただくことができ、部員ともどもよろこんだことを覚えている。だが、この全国総合文化祭での発表をひと区切りとして、このテーマに関する調査・研究から離れていた。

しかしその後も、各地に動物の供養塔や墓があることを知った。旅行に出たときなどにも、この手の供養塔が気になっていて、偶然行き当たることもよくあった。テレビを見ても然り、である。かえって、「どこかできちんと区切りをつけなければ」とも思うようにもなった。

折しも国立歴史民俗博物館で、フォーラム「動物をめぐる文化」が開催されたり（公開討論会は「人間社会における動物の位置」と題して、『動物と人間の文化誌』に収められている）、『人と動物の日本史』全四巻（吉川弘文館）が出されたりした。こうして、ヒトと動物をめぐる考古学、歴史学、民俗学、人類学などの成果を、まとまった形で読むことができるようになった。要するに、近年このテーマの研究はひとつのブームとなったともいえる。と同時に筆者としては、四冊の『人と動物の日本史』から、大いに刺激を受けた。

読者はすでにお分かりであると思うが、本書にとりあげた動物の供養塔や墓は、大分県内のものをベースに、せいぜい西日本のそれをカバーした程度にすぎない。だから、今後は調査・研究の対象をさらに拡大する必要があるだろう。また、動物の供養塔や墓は、もっと多種多様なものが存在する。例えば本書では触れられなかったネコの供養塔もあるし、ネズミの墓もある。カエルのそれもあれば、トンボのものもある。ネット上にも、実に多くの画像が溢れている。だから本書は、ごく一部を取りあげて成ったにすぎない。さきに「区切りをつけたい」と書いたが、これからもおそらくこの手の供養塔をみつければ、きっと即座に反応することだろう。これはもはや、性分というべきか。だから今後も、気長にこのテーマとつきあっていこうと思う。

もうひとつ、「はじめに」でも触れたように現代の加熱するペットブームは、方法や形態が異なるあらたなペット供養（生類供養）を生みだしている。現代のペット供養からも、現代の日本人の動物観が探れるはずだが、この現代のペット供養に足を踏み入れることはできなかった。

先に述べたように、生徒たちと現地調査を重ねていたから、このテーマに関連する画像（写真）もそれなりに蓄積があった。しかし、部活動の発表資料はレジュメ程度のものであったから、本書はほぼ全てが書き下ろしである。また、執筆中に現地調査に出る必要も感じ、原稿を書きながら各地に取材（フィールドワーク）にも出かけた。

取材に出るときは、ひとりでは心細いので、妻に同行を依頼することも多かった。供養塔などは、おおざっぱな住所しか分からず、詳しい案内板などもないことが多い。近くまで行っては、地元の人に何度も場所を尋ねて、ようやく目的地にたどり着くことも多い（地元の人が知らないことも、多々ある）。さらに供養塔の大きさを測ったり、時には簡単な拓本をとる必要もあって、ひとりではなかなか大変なことも多い。だから、妻はよい協力者であった。また妻の助言によって、新しいことに気づかされることもあった。本書執筆にあたって妻は、まさに「よきパートナー」だった。

また拙著『ある村の幕末・明治』（弦書房、二〇一三年）を読んで連絡してくださった、徳島県立博物館の中尾賢一氏（地質学）は、連絡をいただいて同郷の、しかも同じ大学出身の「遠縁」だったことがわかった（「親戚だったことを思い出した」、というのが正確なのだが）。そして氏には、四国地方、とりわけ徳島県の関連資料を提供していただき、アドバイスをいただいた。ここに記して感謝を表する。

さきに郷土史研究部のことを紹介したが、創部当時からの初代顧問が故板井博睦先生である。板井先生とは、部活動を通じて県内各地の史跡や資料館などを、しばしばともに訪ねた。そして板井先生には、公私ともにお世話になった。ところが板井先生は、二〇一三年に逝去された。突然のことだった。板井先生の御恩に感謝するとともに、ご冥福を心からお祈りする。

最後に、『ある村の幕末・明治』に続いて、今回もまた快く出版を引きうけてくださった、弦書房の小野静男氏に、重畳感謝する次第である。

二〇一五年一月

長野浩典

〔主要参考文献〕

第一章

田口理恵・関いずみ・加藤登「魚類への供養に関する研究」『東海大学海洋研究所研究報告』二〇一一年
中村禎里『動物たちの日本史』海鳴社、二〇〇八年
藤井弘章「隠岐・山陰沿岸のウミガメの民俗」『民俗文化№23』近畿大学民俗学研究所、二〇一一年
小島孝夫「漁撈習俗伝播の諸相―資源分布と文化受容―」『海の民俗文化』明石書店、二〇〇五年
『童謡詩人　金子みすゞ　いのちとこころの宇宙』ＪＵＲＡ出版局、二〇〇五年
中村生雄『日本人の宗教と動物観』吉川弘文館、二〇一〇年
瀬戸口明久『害虫の誕生―虫からみた日本史』ちくま新書、二〇〇九年
『大分県先哲叢書　大蔵永常　資料集第一巻』大分県先哲史料館編、一九九九年
中園成生「捕鯨の伝統」『人と動物の日本史２　歴史のなかの動物たち』吉川弘文館、二〇〇九年
三浦正夫『歴史散歩と家島考』私家版、平成十六年
「鯨一件簿」『臼杵史談』六〇号、昭和四十三年
松崎憲三「寄り鯨の処置をめぐって―動植物の供養―」『日本常民文化紀要19号』平成八年
吉井正治「臼杵市内の鯨の墓について」『臼杵史談』七一号、昭和五十五年
『大分県史　近世篇Ⅰ』大分県、昭和五十八年

第二章

『シシ権現洞穴遺跡調査報告』別府大学考古学研究室、一九七六年
『大分歴史事典』大分放送株式会社、平成二年
大分民具研究会編『大分の民俗』葦書房、一九九二年
辰巳和弘「弥生・古墳時代人の動物観」『人と動物の日本史１　動物の考古学』吉川弘文館、二〇〇八年
西谷大『食べ物と自然の秘密』小峰書店、二〇〇三年
西本昌弘「動物観の変遷」『人と動物の日本史１』吉川弘文館、二〇〇八年
飯沼賢司編『阿蘇下野狩史料集』思文閣、二〇一二年
永松毅「草原の狩猟」科研費研究成果報告書、二〇一二年
原田信男『日本人はなにを食べてきたか』角川ソフィア文庫、平成二十二年
「昭和六三年度九州地方のツキノワグマ緊急調査報告書」野生動物保護管理事務所、一九八九年
長澤武『動物民俗Ⅰ』法政大学出版会、二〇〇五年

鈴木牧之『北越雪譜』岩波文庫、二〇一三年
渡辺尚志『百姓たちの江戸時代』ちくまプリマー新書、二〇〇九年
『人と動物の日本史2』吉川弘文館、二〇〇八年
湊正俊・丸谷仁美「阿仁マタギ習俗の概要」『秋田県文化財調査報告書四四一集』二〇〇八年
徳島県文化振興財団民俗文化財編集委員会編『民俗文化財集―第十七集―峠の石造民俗』平成十二年
栗原智昭「九州におけるクマの激減とクマのタタリ」『Bears Japan』Vol.14、二〇〇三年
賀来飛霞『高千穂採草記』所収、澤武人『高千穂採草記の周辺』鉱脈社、一九九七年
「霧立越シンポジウム④鶴富屋敷」平成二〇年

第三章

塚本学『江戸時代人と動物』エディタースクール出版部、一九九五年
荒川秀俊『飢饉』教育社、一九七九年
塚本学『江戸時代人と動物』エディタースクール出版部、一九九五年
松本政信編著『拓け行く木佐上　古記録にみる半世紀の足跡』私家版、平成五年
『農業と環境』一二七号、独立行政法人農業環境技術研究所、二〇〇二年
『弥生町誌』弥生町誌編纂室、平成八年
『佐賀市史』佐賀市史編さん委員会、昭和五十二年
『大和町史』佐賀県大和町、昭和五〇年
鈴木良「産業革命を『あゝ野麦峠』で教えるのは正しいか」『一〇〇問一〇〇答日本の歴史』河出書房新社、一九八八年
滝沢秀樹『繭と生糸の近代史』教育社、一九七九年
佐賀県高等学校地歴・公民部会歴史部会編『佐賀県の歴史散歩』山川出版社、二〇一二年
大分県教育研究会地理歴史科・公民科部会編『大分県の歴史散歩』山川出版社、二〇〇八年
小野喜美夫「千町無田物語（下）」『玖珠郡史談　七二号』玖珠郡史談会、平成二五年
久井貴世・赤坂猛「タンチョウと人との関わりの歴史」酪農学園大学、二〇〇九
芦野泉「餅的伝説（一）（二）」『月刊歴史手帖』第一五巻九号・一〇号」。のち、小野喜美夫『白鳥神社・朝日神社史　朝日長者』飯田文化財収蔵庫、平成三年所収
高原三郎『大分の神々』私家版、昭和四十九年
末崎真澄「ウマと日本人」『人と動物の日本史1』
河野通明「農耕と牛馬」『人と動物の日本史2』
戸部民生『神様になった動物たち』だいわ文庫、二〇一三年

『挟間町誌』大分県挟間町、昭和五十九年
『長野内匠日記』長陽村教育委員会、平成十六年
『古跡と伝承』長陽村教育委員会、昭和五十六年
原田信男『神と肉―日本の動物供犠―』平凡社新書、二〇一四年
『国東の庶民信仰』国東町教育委員会、昭和五十六年
松崎憲三『現代供養論考―ヒト・モノ・動植物の慰霊―』慶友社、二〇〇四年
松井章「動物とかかわった人々」第八回部落史研究交流会報告、二〇〇八年
森田敏彦『戦争に征った馬たち―軍馬碑からみた日本の戦争―』清風堂書店、二〇一一年
松崎圭「近代日本の戦没軍馬祭祀」『動物の日本史4』吉川弘文館、二〇〇九年

第四章

神社本庁「全国神社祭祀祭礼総合調査」平成七年
塚本学『生類をめぐる政治』平凡社選書、一九八三年
西本豊弘「イヌと日本人」『人と動物の日本史1』
『角川日本地名大辞典　四〇　福岡県』角川書店、昭和六十三年
国見町文化財調査委員会編『北浦部　庶民の祈り』平成十六年
小島瓔禮「神となった動物」『人と動物の日本史4』吉川弘文館、二〇〇九年

第五章

ルイス・フロイス『ヨーロッパ文化と日本文化』岩波文庫、一九九一年
渡辺京二『逝きし世の面影』平凡社ライブラリー、二〇〇五年
池上俊一「西洋世界の動物観」『動物と人間の文化誌』吉川弘文館、平成九年

〔著者略歴〕

長野浩典（ながの・ひろのり）

一九六〇（昭和三十五）年、熊本県南阿蘇村生まれ。

一九八六（昭和六十一）年、熊本大学大学院文学研究科史学専攻修了（日本近現代史専攻）。

現在　大分東明高等学校教諭

主要著書　『街道の日本史　五十二　国東・日田と豊前道』（吉川弘文館、二〇〇二年）

『熊本大学日本史研究室からの洞察』（熊本出版文化会館、二〇〇五年）

『緒方町誌』（二〇〇一年）

『長陽村史』（二〇〇四年）

『竹田市誌』（二〇〇九年）、以上共著。

『大分県先哲叢書　堀悌吉（普及版）』（大分県立先哲史料館、二〇一一年）

『ある村の幕末・明治——「長野内匠日記」でたどる75年』（弦書房、二〇一三年）

生類《しょうるい》供養《くよう》と日本人

二〇一五年二月二〇日発行

著　者　長《なが》野《の》浩《ひろ》典《のり》

発行者　小野静男

発行所　株式会社　弦書房

〒810-0041

福岡市中央区大名二―二―四三―

ELK大名ビル三〇一

電　話　〇九二・七二六・九八八五

FAX　〇九二・七二六・九八八六

印刷・製本　シナノ書籍印刷株式会社

ISBN978-4-86329-112-6 C0021

◆弦書房の本

ある村の幕末・明治
「長野内匠日記」でたどる75年

長野浩典 文明の風は娑婆を滅ぼす——村の現実を克明に記した膨大な日記から見えてくる《近代》の意味。幕末期から明治初期へ時代が大きく変転していく中で、小さな村の人々は西洋からの「近代化」の波をどのように受けとめたか。〈A5判・320頁〉**2400円**

魚と人をめぐる文化史

平川敬治 アユ、フナの話からヤマタロウガニ、クジラまで。川から山へ海へ、世界各地の食文化、漁の文化へと話がおよぶ。魚の獲り方食べ方祀り方を比較。日本から西洋にかけての比較〈魚〉文化論。有明海と筑後川から世界をみる。〈A5判・224頁〉**2100円**

タコと日本人 獲る・食べる・祀る

平川敬治 世界一のタコ食の国・日本。〈海の賢者〉タコの奇妙な習性を利用したタコ壺漁の話やタコ食文化、タコの伝説など、考古学的、民族学的、民俗学的な視点をもり込んで、タコと日本人と文化について考える比類なき《タコ百科》〈A5判・220頁〉**2100円**

野の記憶 人と暮らしの原像

佐々木哲哉 消えた民俗、消えかかっている習俗を通じ、共同体の崩壊、日本人の暮らしの原像を見つめる50年余のフィールドワークの集大成。〈目次より〉祝い事と弔い事／野越え山越え／けがれときよめ／炭鉱に生きる 他〈四六判・232頁〉**1800円**

【第23回地方出版文化功労賞】

鯨取り絵物語

中園成生・安永浩 日本の捕鯨の歴史・文化を近世に描かれた貴重な鯨絵をもとに読み解く。鯨とともに生き、それを誇りとした日本人の姿がここにある。秀麗な絵巻「鯨魚鑬笑録」をカラーで完全収録（翻刻付す）。他鯨図版多数。〈A5判・336頁〉**【2刷】** **3000円**

＊表示価格は税別